爱情心理学：

如何收获舒适的亲密关系

费俊峰　马彩云
著

江苏凤凰科学技术出版社 · 南京

图书在版编目（CIP）数据

爱情心理学：如何收获舒适的亲密关系 / 费俊峰，马彩云著 .— 南京：江苏凤凰科学技术出版社，2024.3（2025.9重印）

ISBN 978-7-5713-3873-2

Ⅰ．①爱… Ⅱ．①费… ②马… Ⅲ．①恋爱心理学 Ⅳ．① C913.1

中国国家版本馆 CIP 数据核字 (2023) 第 217810 号

爱情心理学：如何收获舒适的亲密关系

著　　者	费俊峰　马彩云
责任编辑	赵　呈
助理编辑	王　超
责任设计	徐　慧
责任校对	仲　敏
责任监制	刘文洋
出版发行	江苏凤凰科学技术出版社
出版社地址	南京市湖南路 1 号 A 楼，邮编：210009
出版社网址	http://www.pspress.cn
印　　刷	南京海兴印务有限公司
开　　本	889 mm × 1 220 mm　1/32
印　　张	9
字　　数	180 000
版　　次	2024 年 3 月第 1 版
印　　次	2025 年 9 月第 3 次印刷
标准书号	ISBN 978-7-5713-3873-2
定　　价	45.00 元

推荐序

爱是人生的一堂大课

读到费俊峰博士的《爱情心理学：如何收获舒适的亲密关系》一书时，我眼前一亮。该书从依恋的视角帮助我们重新看待自己和伴侣，理解两性之爱，深入了解亲密关系背后的互动模式。

这本书以童年依恋为起点，围绕成人依恋的四种类型展开。你是安全型、焦虑型、疏离型还是恐惧型依恋者？通过有趣的小测试，你会很有代入感，更好地理解自己当下的行为，更深入地探索自己的依恋模式。

作者贴心地介绍了每种依恋类型人群的爱情表现、与伴侣的相处策略，以及另一半的注意要点。有意思的是，每一章都会由案例或影视剧切入，让读者身临其境，感同身受。本书还给出了实操性很强的伴侣沟通技巧。这些生动有趣的描述将专业知识融入日常案例，让读者耳目一新，而且易学好操作，读者能快速找到提高伴侣间亲密度的通关密码。

我们不是不爱，只是不同。对于每一对恋人或夫妻来说，经营和维持高质量的亲密关系，既是心理期待，也是现实困境。而本书给出了脱困解难的锦囊，也提供了如何收获舒适亲密关系的秘方。

能够为费俊峰博士的新书作序，我倍感荣幸。说来我们相识已有20余年，共同见证了心理学的繁茂发展，也见证了彼此职业生涯的进步。更重要的是，费俊峰博士怀有一颗慈悲、仁爱、包容之心，对待每一位来访者都表现出无条件的积极关注；对待心理学始终怀着谦卑的心不断学习精进，写出了很多著作；持续关注和参与公益事业，特别是对生死置之度外的达观，更是给我极深的触动。作为同道，我对费博士的赤子之心心怀敬意；作为关注亲密关系的学者，我们都期待可以更多做一点事，可以让伴侣能够更好地了解自己、理解对方，更好地相爱，日益亲近，共同成长！

段鑫星

2023年8月2日于文昌家中

自 序

回想从事心理工作这27年，我经历了许许多多的生活起伏，也获得了方方面面的个人成长，主编了格式塔治疗丛书和几本教材，但感觉总是为人作嫁衣，我逐渐产生了一个念头，就是把我这么多年来遇到的心理问题写成书，作为经验的积累与反思，和当下的年轻人分享。

我关注到当下年轻人不恋爱、不结婚这样的社会现象，根据多年来的心理咨询实践，我认为很多人不了解爱情背后的心理因素。同时人类社会一直以长期伴侣关系著称，但要维持一段健康的、长期的亲密关系，却是一项具有挑战性的课题。我为自己的想法深感兴奋，正好遇到江苏凤凰科学技术出版社的赵呈编辑和王超编辑，我们一拍即合。于是我开始构思目录和写作大纲，确立了从依恋类型这一视角谈亲密关系作为系列书籍的第一本。亲密关系意味着一方对另一方的了解以及被了解，了解彼此的依恋模式，在某种程度上是为了让亲密关系本身更健康，并不是为了达到任何其他目的而操纵对方。

正式开始创作时才发现很难，虽然我十分清楚自己要写什么，却无从下笔，还好得到了一些同行和研究生的支持，使本书得以顺利完成。感谢我的同行和学生的支持，她们是主要合作者——南京工程高等职业学校的马彩云老师，桂林理工大学的谭咏梅老师，她们笔法老练，文采斐然；河南师范大学的唐新老师，南京市鼓楼区刘霞幸福家庭工作室的刘霞老师，我的研究生赵小丽同学、潘天娇同学，她们参与了从搜集资料到撰写部分章节书稿的工作。衷心感谢她们为本书贡献的智慧和付出的辛劳。

本书引用了大量的生活事例与相关影视文学作品内容，为的是增强它的可读性与趣味性。我甚希望本书能成为各位读者有关爱情与个人成长知识的工具书，可以帮助大家根据不同性质的问题寻找相关的答案与思路。如果爱情中的双方能学习这些依恋理论、相处技巧，如果他们能被支持去拥有爱情中的自主权，他们将成功地共同建构一个相互扶持的稳固联盟，这正是亲密关系的目标。毫无疑问，这也是为什么我们终生都需要亲密关系的原因。当我们缺少时，我们就该向往它，并在力所能及时去追求它，遇到问题能有效面对它。

感谢出版社的热情邀请，感谢赵呈编辑的辛勤付出，她对本书最初的写作提出了大量建议，并为顺利出版提供了各种便利。

我以此书献给广大的追求爱情的朋友们，希望它能伴随你的生活，并成为你终生的好友。谢谢你的厚爱！

是为序。

费俊峰

目录

CONTENTS

第三章

焦虑型依恋者的爱情

第四章

疏离型依恋者的爱情

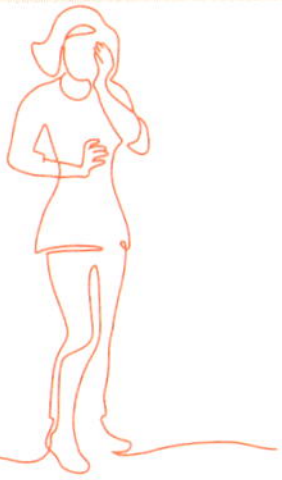

第五章

恐惧型依恋者的爱情

第六章

安全型依恋者的爱情

第七章

不同依恋类型的伴侣沟通技巧

引 言
为什么现在的年轻人不愿谈恋爱了

爱情是一件奢侈品，在这个年代更是如此。

据民政部公布的近 10 年数据，我国的结婚率自 2013 年达到顶峰的 9.9‰后，就开始一路走低。然而不仅是年轻人的结婚意愿变低，许多年轻人已经连恋爱都不想谈了。2021 年中国人民大学有项研究调查了全国 22 个省份、共 9775 名大学生的婚育观，发现超过四成的大学生都没有谈恋爱的意愿。

为什么年轻人不愿谈恋爱了？

曾经我们也都憧憬过甜蜜的爱情，也在年少时有过懵懂的喜欢，但是往往被扣上“早恋”的帽子后就匆匆结束了。在许多家长的眼中，早恋影响学习，如果孩子早恋是要明确阻止的，但是对于“爱是一种能力，恋爱需要学习”这件事，家长却不以为意，认为孩子长大了就自然什么都懂了。可实际情况却是，我们大多数人在学校和家庭中长期缺少关于情感的教育，既没有学过爱情的理论，也没有经历过爱情的实践，而到大学毕业后，父母的态度又立即有了 180 度大转弯，开始进入了“催婚”模式，这让很多人无法适应，开始了“消极抵抗”。

其实无论是早恋问题还是催婚问题，本质上是因为孩子在家庭中没有自主决定的权利，所以在应该与外界建立关系的时候，开始用不建立关系的方式来保护自己的权利。但年轻人是否真的就不想拥有爱情？其实并不尽然。

那么，究竟为什么年轻人不愿意谈恋爱呢？在我看来，这样的年轻人可以分为两类：不想谈恋爱的人和等遇到心动的对象才谈恋爱的人。

不想谈恋爱的人

在网络上,“秀恩爱”总与“死得快”联系在一起，而“单身狗”却成了新的“政治正确”，这个由可爱和鄙贱交织出的诙谐用词，背后映射出了年轻人对恋爱的态度。那不想谈恋爱的“单身狗”背后有哪些成因呢？

觉得自卑

个体心理学的创始人阿尔弗雷德·阿德勒认为：“自卑是个人在追求超越地位时一种正常的发展过程。”我们每个人都存在着不同程度和不同方面的自卑感，自卑感常常会让人感到紧张，尤其在面对建立亲密关系时。网上流行这样一句话：喜欢一个人的第一反应是自卑。在喜欢的人面前，很多人会不自觉地自卑。他 / 她在你的眼中笼罩着很多光环，看起来光彩照人、完美无缺，而自己呢？似乎还不够好。你会想：要是瘦一点儿就好了，要是再漂亮一点儿就好了，要是再优秀一点儿就好了，要是再有钱一点儿就好了……很容易陷落在自我否定和自卑的循环中，感觉自己配不上对方，追不到对方，即使在一起也不会长久，因为还会有更优秀的人出现在他 / 她身边……干脆一不做，二不休，默默做回自己的“小透明”。

人总是本能地想要追求超越，但是超越的标准却在不断提高。容貌焦虑、学历焦虑、出身焦虑等各种焦虑在这个时代变得无孔不入。其中有商家宣传产品的驱动，比如故意制造信息茧房，放大年轻人的焦虑，让本就容易敏感的年轻人更加不自信。虽然人在自卑时争取优越感的动机会随之出现，但是这种动机却常常指向无用的一面，让人不敢去面对真正的问题，而是将问题遮掩起来或是避而不谈。面对喜欢的人，没有太多资本的年轻人不敢去追，不愿谈恋爱，彷徨、犹豫和退却，只是为了避免失败。

觉得麻烦

谈恋爱是一件美好的事情，然而，恋爱却又是一件恼人的事情，恰如德国作家歌德的《少年维特之烦恼》中的故事一样，让人为之苦恼、为之不解。

恋爱的前面要加一个“谈”字，就是因为恋爱是两个陌生人的沟通和磨合，有磨合就必定有摩擦，所以恋爱中出现争吵在所难免。而现在年轻人每天上班已经很辛苦了，“强制 996”“义务加班”这样的生活已经消磨了年轻人大半的精力，而下班后无法好好休息，还要处理和另一半的矛盾，这种身体和精神上的双重压力实在是压得年轻人喘不过气，所以不少人宁愿自己一个人面对孤独，也不想走进恋爱关系。

知乎问题“你是因为什么不想谈恋爱”中的几千条回答中，排名第一的就是没时间——年轻人的工作太忙了，忙得没时间去认识一个新的人，忙着遛狗、喂猫，忙着修图、营销，忙着研发、生产、加工、打包……年轻人每天要工作 10 个小时，上下班通勤再花费 2 小时，在这样的节奏下，再去建立一段感情，去与一个陌生人进行深入的认识、了解、磨合，这个过程想想就已经觉得很累了。也有人说，恋爱之前自己乐观开朗，可恋爱后变得患得患失，变得任性、幼稚，喜欢试探、揣度，而得不到对方回应又会伤心难过，谈了恋爱让自己变得不像自己，不停内耗，身心俱疲，于是下决心“封心锁爱”。过去不好的恋爱体验让当下忙碌的年轻人很难再有动力去结交新的人。

习惯孤独

过去，年轻人下班后的生活较为简单、单调，与他人社交和谈恋爱成了一种主要的方式，而现在，随着人们娱乐生活的不断丰富，单身的年轻人可以越来越容易地面对孤独。

一是有了多元立体的情感支持体系。借助互联网和社交软件，年轻人可以随时随地和亲朋好友联系，与他们交往的质量和深度也随之提高和加深，可以更好地获得来自亲朋好友提供的情感支持。同时，现在的年轻人也有了更为丰富多彩的兴趣爱好，这些爱好不仅可以消遣娱乐，也提供了情感慰藉，排解了单身生活中的孤独感。“为什么要谈恋爱？是 CP 不好磕①，还是游戏不好玩”是他们的心声。另外，很多认为自己是“社恐”的单身年轻人，因为不喜欢和人打交道，选择用养宠物的方式来寄托感情。

二是有了充实的日常生活安排。现代社会的竞争导致工作、学习成为很多年轻人生活的重心，城市建设的完备也使得年轻人的单身生活越来越有品质。工作之余，以单身群体为目标的商品、服务为单身者提供了舒适的生活方式，如单身公寓、健身房、酒吧、一人食、一人玩等，即使是一个人，也可以享受生活。而网络的发展则让足不出户的时刻变得丰富多彩。互联网上虚拟的社交消除了许多真实社交中的不快和干扰，给人带来了社交快感，这种快感使许多年轻人愿意用网络社交来替代现实社会中复杂的交往。并且，互

---

① CP 是英文 Coupling 的缩写，表示人物配对关系。“嗑 CP”指非常支持自己喜爱的屏幕或小说中的情侣。

联网的不断发展也衍生出了许多情感的替代品，如各类的恋爱综艺、恋爱游戏等，“宅家一族”在网络世界中也可以获得情感的满足。

爱情观的改变

从前的日色变得慢，车、马、邮件都慢，一生只够爱一个人。

王宝钏苦守寒窑十八载的故事在从前为人们所称道，并传为美谈，被搬上了戏曲舞台。但是在今天的网络平台上，王宝钏却在年轻人“挖野菜”网络梗的“吐槽”中，被视为“恋爱脑祖师奶”的反面教材。不只是王宝钏，网友们从以前经典影视剧中挖出了许多“恋爱脑”的典型角色，并痛批“恋爱脑”是当代绝症，就连爱情也被激进者称作是父权和消费主义社会的骗局。

为什么面对同样的人物，现在的年轻人却会得出截然不同的结论？因为——在当代一些年轻人的价值观里已经没有了爱情的位置。随着年轻人受教育程度的提高和思想的开放，他们越来越追求自由、独立和个性化的生活方式，他们更愿意先关注个人的兴趣和事业。现代社会竞争激烈，年轻人又需要付出更多的时间和精力在事业上，以求得更好的发展机会，这又导致他们在工作中承受巨大的压力，无暇顾及感情。

而现在的爱情也在商品经济的冲击下变得功利化，各种节日和无处不在的营销让恋爱的成本也在节节增高，而大多数刚刚工作的年轻人，他们的月收入通常不高，许多人在每个月付完房租、水电费等日常开销后已经所剩无几了。而拿这些所剩无几的钱再去谈恋爱，可能会感到力不从心。商品经济的社会，人们的思维方式也进入了经济学模式——当投入与产出成正比的时候，就值得投资；但是当投入了时间和金钱却没有得到结果的时候，有的人就会对爱情感到失望，甚至留下阴影，从此不再相信爱情。

另外，随着现代女性受教育的普及度和程度越来越高，女性的爱情观也发生了很多改变，女性对生活选择的主动性也越来越高，谈恋爱、结婚已经从以前的必选项变为了自由选项。以前的女性在很大程度上必须依附于男性才能生存，现在的女性已经可以自己工作，养活自己，谈恋爱和结婚已经不再是生存必需，女性有了自主选择的权利。根据后浪研究所对 1587 位年轻人的研究情况分析，女性想结婚的程度是明显低于男性的，在结婚这件事情上，男女存在较大的差异。

等遇到心动的对象才谈恋爱的人

“斯人若彩虹，遇上方知有。”还有一些人一直不愿轻易开始，不将就、不凑合，只有遇到了自己心中的那个他 / 她才准备谈恋爱。他们或是追求高质量的恋爱，或是向往灵魂伴侣，或是等待理想中那个完美无缺的形象，或是因为缺乏走入亲密关系的能力而一直在踟蹰不前……

拒绝“快餐式”恋爱

有一部分年轻人不喜欢“快餐式”恋爱。“快餐式”恋爱是指两个人在很短的时间内就确定了恋爱关系，也因为这一点，两个人很容易会在很短的时间内分手。而一般这样的恋爱不是爱情，而是激情，所以当激情退却后，对方的不足、缺点都暴露出来了，只要有一方不能再容忍，就会觉得没有意思从而分开。

在他们看来，这样的恋爱只是低质量的恋爱，双方的相处中并没有深入的了解和交流，速度和效率侵蚀了爱情。正如捷克作家米兰·昆德拉在小说《慢》中表达过：很难想象有速成的爱情，突如其来的幸福往往会被证明为适得其反，然而我们的世界赋予速度和效率太多的荣誉及价值，对它们的追求使我们在自己生存的社会中感到迷失与陌生。

或许这样的恋爱对一些人来说，在刚开始还有一些吸引力，但是真正经历过后感受到的却是更深刻的空虚和寂寞。所以在“快餐式”恋爱盛行的今天，越来越多的年轻人认识到这样的恋爱让喜欢变得廉价，他们更想要的是真诚而认真的恋爱。

不凑合，不将就

其实有一些年轻人并不是不想恋爱，只是因为太害怕，害怕和陌生人经历了相识、相知、相爱，最后却还是因为不合适要分开，这种害怕让他们不敢轻易开始。对于他们而言，世界上最糟糕的事情，不是孤独终老，而是与那些让他们感到孤独的人一起终老。

不想凑合、不想将就的年轻人希望遇到能走进自己心里的另一半，相互了解最真实的一面，成为彼此的唯一，成为最懂自己的那个人。而这种“懂得”是一种心灵上的相通，灵魂上的共鸣，包含着对方对自己的接纳和肯定，它需要在行为和语言上都被印证，要求对方不仅能在口头上说自己懂你，还能够用实际行动证明这一点。只是现实中，总有许多因素会影响这份“懂得”。比如，双方成长背景和认知上的差异、男女思维方式上的差异等。

真正的“懂得”来之不易，但是不想凑合的年轻人，在期待中等待，希望那个灵魂伴侣能够在某个转角处，与自己不期而遇。

虚幻的爱

还有一些没有过恋爱经历的年轻人，将从言情小说和影视剧里看到的爱情作为爱情的标本，将其中的角色视为理想型的对象，然后幻想着能在现实的生活中找到这样的对象；或是直接把自己喜欢的偶像、“纸片人”当作自己的对象，找到情感上的慰藉。

可是言情小说和影视剧中总会有一句“如有雷同，纯属巧合”，这其实已经说明了故事的虚构性，小说和影视剧里总是爱情至上、岁月静好，可是现实中却常常是一地鸡毛、矛盾不断，有时想象有多美好，现实就有多糟糕。

小说和影视剧需要有艺术创造性，需要美好而曲折，要与日常生活有所不同才能够引人关注，其中的男女主角往往有一方会被描写为一个完美的化身，有着一切的爱、光明和幸福。年轻人在这种爱情观的影响下，爱的是一个完美的对象，而不是真实的个体，他们在美好的幻想中体验爱情，并不是和一个真正、具体的人建立亲密关系。

没法走入亲密关系

还有一部分年轻人不是不想谈恋爱，而是因为他们没法走入亲密关系，还没有让自己做好爱人的准备，一直在被动地等待那个“拯救”自己的人出现。

心理学家发现，无法走入亲密关系通常与自身童年不安全的依恋模式有关（本书的核心理念）。当照看者因为各种原因无法满足孩子的需求时，会导致婴幼儿建立依恋关系的挫败。这种创伤在成长的过程中或许会隐藏，但是在建立亲密关系时，这种被隐藏的创伤体验会被再度唤起，让不少人在爱的过程中感到纠结、痛苦，最终选择放弃，又回到自己的保护圈。

在亲密关系中，爱像是一个强大的镜头，不断地扫描一个人的内心，放大所有需要表达和释放的情绪，而被爱可以给人一种安全感，给人带来自信，让人愿意走出自己的保护圈，与自己所爱的人建立联系。他们期待着满眼都是自己的人能够出现，但即使遇见了理想的另一半，有些人还会在走出自我保护圈的过程中会手足无措，能力和勇气不足以匹配关系的深度，从而让关系无法再发展下去。

爱是一种能力

爱是一种能力，一种突破人与人之间屏障的能力，一种实现人与人之间合作的能力。人拥有爱的能力才能创造爱，我们只有从自恋中解脱出来才能发展爱的能力，而这需要我们在和世界的互动中不断发展与丰富自己。爱需要有所行动，这种行动需要的是给予，而不是接受。给予让我们能够体会到自己是强大的、富有的、能干的，这种体验让人感到快乐，从而不断增强我们的生命力和创造力，拥有更多爱的能力。

爱情是不朽的，它是文学艺术作品中最古老的主题。它是美好的冒险，需要巨大的勇气。即便是积极生活、认真恋爱的人也无法避免爱情中的喜怒哀乐，而正是这些喜怒哀乐帮助我们更加深入地感受到自己，从而活出了自己。所以无论你是不想谈恋爱的人或是在等遇到心动的对象才谈恋爱的人，我想告诉你，爱情并不是洪水猛兽。

在商品社会的影响下，在人工智能时代来临的时候，爱情越是成为奢侈品，我们越需要呼吁爱的重要性，因为，爱是对人类生存问题的唯一合情合理的满意的答案。如果你还对爱情心存向往，相信这本书会帮助你更了解爱情，也更了解自己。书中的依恋理论会从新的视角看待和理解爱情中的难题，帮助我们正视内心真正的情感需求是什么，最终收获让自己舒适惬意的亲密关系。

第一章 爱情与依恋

也许两个人在一起，一开始靠的是激素的冲动，但想要长久地维持一段感情，绝对值得好好研究。

爱，需要学习

请思考：什么会影响爱情？

让我们来想象一下：一对恋人决定走到一起，要经历多少挑战？

首先，双方会希望在那些彼此看重的因素上能够与之匹配，包括外貌、性格、过往经历、三观、原生家庭等稳定因素，以及两人相处时对彼此的性吸引力等即时因素。

这还仅仅是开始，一旦确定关系，伴随的将是一连串的选择：何时将伴侣介绍给亲朋好友、如何一起度过夜晚、是否同居、是否结婚……

邀请另一个人进入自己的人生，实在是一件充满挑战的事情，在这个过程中，摩擦、冲突从来都不会少。

可是每当面对分歧时，人们为什么要选择那些更有助于维持关系的选项？

为什么要忍受、宽容、不愿放弃呢？

亲密关系对每个人的重要性似乎不言而喻，恋人、爱人关系是我们人生中最紧密的关系之一，我们用自己生命中最重要的部分去深刻体验，并最终使之成为我们人生体验的核心部分。事实上，建立亲密关系的强烈欲望普遍地扎根于每个人心中，这种欲望是人类的本性之一，因为它可以满足我们基本的爱和归属的需要。**寻求亲密关系其实是在寻求一种圆满，寻求被照见的可能。**波斯诗人哲拉鲁丁·鲁米（Jalal al-Din al-Rumi）有一首诗：

我不知道要带给你什么礼物 / 因为你是如此的富足

如果我带给你礼物 / 就像带着黄金去金矿 / 带着水去海洋

我想到的一切 / 都是像带着香料去东方

所以我真不知道带给你什么

给你我的心脏，我的灵魂 / 这都不够

因为你都具有

所以鲁米说："我带来了一面镜子。"这是关于爱情的道理。

在镜子里，看见你，就能看见我。

关系中的人像照镜子一样，得以把内心各种各样的感受、潜意识，投射到人际关系里，照见彼此。这时，你才能知道自己是怎样的，才能看见自己，然后改变才会发生。

爱与被爱，是值得我们一生去研究和学习的课题。

关于爱的真相：什么是亲密关系

关于“亲密关系”，我们听过很多说法：

> 关系是镜子，照见自己的需求
> 尊重对方的模样，跟伴侣碰触
> 在关系中表现真实，敢爱敢恨……

那么，什么是亲密关系呢？

顾名思义，**亲密关系包含两个部分：“亲密”和“关系”。**所谓“亲密”，就是我们很多人希望的融合式体验，要你中有我、我中有你、永不分离，我可以为你赴汤蹈火，你也可以为我两肋插刀。这也是我们常常对爱情寄予的幻想。

可是别忘了，除了“亲密”，还有“关系”二字。这两个字告诉了我们一个大前提，就是我们所渴望的亲密必须建立在关系的基础之上，而要建立关系，两个人首先要具备独立的人格，这样才能进行自主交往，从而发展人际关系，包括亲密关系。

如果一个人还没有发展出独立的自我，可以无底线地顺从、迎合、讨好另一个人，和对方看似很亲密，却不形成关系。相反，如果一个人有了非常坚实的自我，就会很难轻易放弃自己，很难一下子发生大的改变，和他人的相处很难一下子亲近。所以，“亲密”和“关系”是以矛盾的方式相互依存着。想要“亲密”不难，想要“关系”也不难，唯独凑在一起组成“亲密关系”却挺难。

对于亲密关系的含义，心理学家主要有两种看法。一种看法从关系双方相互依赖的角度，把亲密关系界定为互赖性很大的共同关系。另一种是从关系双方的身份来界定，将亲密关系定位在婚恋关系的范畴。概括来看，亲密关系的概念有广义和狭义之分。广义的亲密关系强调的是关系双方的相互依赖程度，指彼此依赖程度很深的关系，可以是恋人的浪漫关系、夫妻的婚姻关系，也可以是亲密的友谊、亲子关系。狭义的亲密关系指的是伴侣关系，仅指浪漫关系和夫妻关系，这正是本书所要集中探讨的。

如何来判断一段关系够不够亲密

我们的人际关系有很多种，比如上有父母，下有子女，有伴侣，有朋友，有同事，有同学，还有各种各样的社会交往。我们跟这些人之间都存在着人际关系。

我们有哪些关系？

- 血缘关系：基于生物学，是所有关系的初始条件。我们的出生首先必须有父母，除了父母，还要有爷爷奶奶、外公外婆等。我们过年要回原生家庭的传统，正说明了血缘关系是很重要的一种关系。

- 社会关系：是指我们在生产或生活活动过程中形成的人际关系，比如同学、老师、同事等，是一种非血缘的关系。

- 情感型关系：在交往中愿意和那个人接近，主动投入情感，如密友、恋人等。亲密关系属于情感型关系。

与其他人际关系不同，亲密关系有其自己的特点。总结前人的研究，亲密关系至少应该在6个方面与其他的一般关系有所不同，分别是：**了解、关心、依赖、互动、信任和承诺。**

（1）亲密伴侣间经常有许多私人甚至秘密的互动与沟通，他们共享彼此的经历、爱好、感情以及欲望的信息，比一般人更了解对方。

（2）亲密伴侣关心对方，对另一半有比其他人更多的情感投入。

（3）双方的生活具有高度的相互依赖性。心理学家指出，这种依赖是经常的（经常影响彼此）、强烈的（对彼此都有显著的影响）、多元的（影响彼此的方方面面）和持久的（影响彼此很长时间）。这种相互依赖的关系，使得一个人的行为在影响自己时也影响到对方。例如：

“我很久没见到你了，已经迫不及待地想要抱抱你。”

“每次我难过的时候，第一个想到的就是她。”

“因为我知道有他在，所以我才能坚持下去，也知道因为他在，就算失败了，也不会太糟。”

（4）双方表现出高度的互动性，意识到他们是“我们”，而不仅仅是“我”“他 / 她”。这种从“我”到“我们”的外在改变通常意味着关系的重要发展。

（5）信任对方，彼此相信对方会尊重和善待自己。人们期望亲密关系不会带来伤害，如果信任消失时，双方会变得猜疑，从而破坏亲密关系。

（6）双方对彼此的伴侣关系有着认真的承诺，期望自己的伴侣关系能永远持续下去，并花费很多时间、精力、财力和物力去实现这个目标。

法国哲学家阿兰·巴迪欧（Alain Badiou）说过一句很美的话：“爱是最小单位的共产主义。”相爱的人，明明是两个有着很多差别的个体，却可以共用同一双眼睛、同一颗心，喜悲共享，休戚相关，组成一个共同面对外部世界的小小联盟。**在这种相互关怀、爱护和支持的亲密关系中，存在一种朴素又深刻的联结。**

这就是“亲密关系”的本质意义。

亲密关系的特征

- 关系双方的人际距离十分近，伴侣之间的社会距离很小，并涉及双方的“个人隐私区”。
- 伴侣不仅可以通过语言表达自己的想法，还能够通过直觉理解对方。
- 关系双方是彼此依存的，伴侣的行为使双方有高度相互依赖的感觉。
- 有高度的亲密感，并且双方都不会轻易用他人来代替对方。
- 关系双方有一个共同的愿望，即永远在一起或至少很长时间在一起。

为什么亲密关系很重要

亲密关系的构建是我们生活中浓墨重彩的一笔。

美国心理学家乔治·赫伯特·米德（George Herbert Mead）将自我分为相互联系、相互作用的两个方面：一方面是作为意愿和行为主体的“主我”，通过个人围绕对象事物从事的行为和反应具体体现出来；另一方面是作为他人的社会评价和社会期待的“客我”，是自我意识的社会关系的体现。与他人的社会关系是构成自我的一个部分，而包含于社会关系中的亲密关系对个人更有持续而稳定的影响。

心理学家指出，构建亲密关系主要是为了满足归属需求。归属需求的满足对我们而言意义重大：当我们与他人建立亲密关系时，我们开心愉悦；当亲密关系出现问题，归属需求无法得到满足时，我们痛苦万分，甚至陷入癫狂。比如，处于热恋中的人，仅仅是看爱人的照片就能减轻疼痛感，甚至伤口都能更快地愈合；遇到情感问题纠结、失眠时，人的免疫力会变弱，更容易患上感冒。

另一个心理学中不言而喻的事实是，亲密关系对人们的幸福感至关重要。在一个人的生命中，需要亲密关系来帮助他感受到与他人的紧密联系，感受到被重视和被接纳，提升自身的自我价值感，并唤醒和维持积极的情绪。

亲密关系带来了情绪的强卷入。让我们回顾一下，生命中做过的最疯狂的事往往与亲密关系有关，让我们在某个阶段变得不像自己，让我们为了爱想要去冒险。亲密关系带来大量的、强烈的情绪，引发人们茶饭不思、一蹶不振甚至为爱殉情等，可以说，亲密关系是所有关系中最容易唤起情绪的。

亲密关系的建立令人愉悦，而亲密关系的丧失则会在生理和心理层面对人产生极大的影响。当个体长期被孤独围绕时，很容易出现强烈的紧张应激反应。哈佛大学开展的“格兰特研究”（The Grant Study）用 76 年的时间证明了亲密关系对于人生的重要性，

“良好的亲密关系不仅能让我们更幸福，还能让我们更健康”。可见，高质量亲密关系的建立对我们的生活有积极意义。

请记住，亲密关系是很重要的。我们往往听到很多关于“寻找自己 ”的说法，以至于我们忘记了寻找他人的重要性。对亲密关系持开放态度并不意味着你是弱者，不能为自己谋生，或病态地依赖别人。

亲密关系是健康人格的一个重要组成部分，我们可以试着走入一段亲密关系，珍惜之、培养之。

哪些因素影响着亲密关系

亲密关系是我们抵御孤独与无力的一剂良药，一段好的亲密关系可以带来愉悦，对于我们的身心健康产生积极作用，会让彼此受益匪浅，也会让旁人好生羡慕。

可高质量的亲密关系却不是所有人都能拥有。我们在与伴侣相爱相知的过程中面临着很多挑战，比如当热恋期退却后，挑剔、抱怨、争斗、冷战等不断吞噬着亲密关系的愉悦，甚至导致分手、离婚……

究竟主要有哪些因素影响着我们的亲密关系呢？

外表吸引是亲密关系的第一步

外貌在亲密关系中是一项非常重要的吸引力。从社会认知的层面上看，外貌美丽确实能更轻易地引起他人的瞩目。

在国外的一项实验里，研究者将刚入学的新生随机安排成男女搭档，去参加一个大型舞会的相亲派对。在舞会当晚以及随后跟踪研究期间，研究者要求那些大学生评价他们的约会对象，说出在多大程度上愿意再看到对方。结果与大多数人所设想的一致，美貌这一因素比起高智商、良好的社会技能、好的人品等其他因素，更容易引起对方的高评价和好感。同时，这一点对于男性和女性皆是如此。

爱美之心人皆有之，每个人都有属于自己内心的理想型，这是一种很纯粹的源自性吸引力的动力。

值得注意的是，有一篇发表在《个人关系》(*Personal Relationships*）上的研究测量了 203 名亚裔被试如何看待伴侣以及他们的关系质量。对于伴侣的评估包括了对方的性格、责任心、有趣度、智力、能力、外在吸引力以及社会地位等不同方面。结果表明，只有对伴侣外在吸引力方面的理想化倾向与亲密关系质量呈正相关，但在其他方面的理想化对亲密关系质量并无显著影响。换句话就是，认为彼此貌若天仙的关系比认为彼此聪明绝顶的关系更亲密、更稳定!

虽然对于伴侣外表的理想化不等于伴侣的客观外貌水平，但对很多“颜控”来说，大概“我觉得好看”比什么都重要。

总之，情人眼里出西施，“越看越亲密”。

分享越多，关系越亲密

有位知名主持人曾在一次采访中这样说：

在一段关系里面，其实最重要的不是外貌也不是面包，甚至不是忠诚与否，而是分享。

因为不管你是在感情的激情期还是在稳定的婚姻里面，如果不分享或者忘了分享，两个人就算是住在同一个屋檐下，也会像是陌生人一样。

然后那种强大的空虚感才是伤害两个人感情最大的杀手。

有人说，分享欲是最高的浪漫主义。在上班路上看到新奇的事情，也要停下来拍张照片发给对方；有时外出旅行看到美景，也忍不住掏出手机与那个人分享一下；有时去饭店吃到了好吃的食物会跟对方说一声；有时是买到了自己喜欢的小物件也要跟对方炫耀一下……当然，分享欲并不仅限于遇到的人和事，还有自身的想法、经历和情绪。

不少热恋中的人会有这样的经历，常常在煲电话粥或者一直聊天，有位女士分享了她和爱人的相处模式："那时候我们可以两三天不挂电话，一直充电，最长打了八百多分钟。"

想来，这八百分钟都在干嘛呢，有什么重要的事情要说八百分钟？可能很多时候就是闲聊吧，特别是当两个人因工作原因不在一座城市的时候，一直保持聊天就是希望另一方能在身边陪伴自己。

研究发现，向他人分享不仅能使自身获得愉悦，也会让被挑选为分享对象的人感到愉悦；分享过后，我们会更加喜欢对方。于是，人们在与对方交互的分享中愈发喜欢对方，更加亲近。同样，亲密关系的发展过程就像跳舞一样：我表露一点，你表露一点——但不是太多，渐渐熟络，无话不说。

分享欲不仅能够增加两个人的亲密感，还可以让双方产生信任。在彼此的分享中，我们会逐步展现真实的自己，信任取代了焦虑，我们不再担心会失去另一半的爱。这种特点被人本主义心理学家西德尼·朱拉德（Sidney Jourard）归结为“自我表露”。

分享欲和爱情是密不可分的，当你爱一个人的时候，就会想要同他/她分享你的喜怒哀乐，以及你对未来的规划和憧憬，反之，亦是如此。

分享的目的并不是让他/她帮忙解决什么，很多时候只是找个地方倾诉，希望得到另一半的回应。而所有的分享都需要积极回应的态度来维持，这里面包含着爱意与热情，期待收到认可和反馈。有来有往，事事有回应，则是两个人相爱的证据。

相似性和互补性，哪个更重要

人与人之间产生吸引力的基本前提是：他人的出现对于我们具有奖赏意义，包括与他人交往产生的愉悦、物质利益、他人的赞许等直接奖赏，也包括他人赏心悦目的外表、宜人的个性等间接奖赏。

遇上喜欢我们的人无疑是具有奖赏意义的。如果能遇到和我们恰好相像的人，与我们有着相似的背景、兴趣和品味，会令人感到非常愉悦。因为人际吸引中最基本的原则之一就是相似性——“同性相吸”（相似的人彼此会更加吸引对方）。“物以类聚，人以群分”“门当户对”等都是类似的道理。

相似性具体包括哪些呢?

· 人口学特征

年龄、教育程度、家庭背景、社会地位等。

· 态度和价值观

伴侣间态度和价值观相同的程度与彼此的吸引力有直接的关联:共同点越多,彼此越喜欢。

· 性格

处事风格和人格特质相像的人往往在彼此初次接触时就能和睦相处。

有研究发现,性格相似的伴侣会比性格迥异的伴侣在之后的婚姻中有着更高的幸福水平。

两个人越相似就越喜欢对方,可为什么很多人都相信“异性相吸”呢?

如果两个人一开始看起来就有着巨大的差异,亲密关系还有建立的可能吗?

电视剧《父母爱情》中的男女主角——江德福与安杰初次相识时,一个是年轻有为、干练果敢的海军军官,一个是从小养尊处优、娇媚华贵的资本家小姐。似乎一辈子都不会有交集的两人却相伴一生，白头偕老。两人结为夫妻，共同克服了出身的差异、文化程度的悬殊、生活环境的恶劣以及特殊时期的生存困境，抚养着五个孩子长大成人，走过了风风雨雨的几十年。步入老年的江德福和安杰回首往事，觉得能携手度此一生是无比幸福的事情。

可见，互补型的爱情也可以非常甜蜜。心理学家认为，人具有渴求互补的心理，而个人的成长和新奇的活动具有奖赏意义，因此我们也会对和我们有着不同特点和爱好的人感兴趣，只要我们能保持好奇并相信自己可以与他们融洽相处。另外，如果伴侣双方具有不同的性格优势，一方往往乐于让另一方在优势项目上发挥特长，这样能取长补短，弥补彼此的不足，让彼此的关系更和谐。

人跟人的互相吸引，有时是过于相似从而快速达到的灵魂契合；有时是因为互补而选择在一起，对方拥有自己缺乏的东西，可以在对方身上获得一种完整感。研究发现：在浪漫的青春期和成年早期，相似性是建立亲密关系的主要因素，这时候的恋人大抵是先从成为朋友开始的，感情也是友情和爱情的混合。而进入社会，考虑成家立业时，则会更注重互补性，因为组建家庭后意味着形成利益共同体，互补性的综合能力更具有对抗外界的优势。

相似的人相处，是一个不断给予的过程，让彼此越来越靠近，在关系初期更会体验到幸福感；而互补型恋人的相处是不断挖掘的过程，新鲜、新奇，这种差异感会让生活更有活力，从而增加双方的愉悦感和甜蜜感。

依恋是高质量亲密关系的关键

亲密关系和依恋往往是分不开的。对于特定几个人的强烈的情感依恋与渴望，构成了重要关系中内在的情感需求。它如同我们对食物、人身安全或生理需求的渴望一样，是人健康快乐生存的基本。进化心理学发现，人类对依恋的需要是一种本能。每个人生来就有依恋的需求，依恋的对象必须是我们足够信任且为我们提供支持和保护的人。小的时候，母亲承担了这个角色；长大后，我们逐步脱离原生家庭，开始寻求独立，另一半成为我们重要的安全基地。

美国社会心理学家辛迪·哈赞（Cindy Hazan）与菲尔·谢弗（Phil Shave）对情侣们进行了一项调研，他们发现，亲密关系当中存在着某种情感依恋。这种依恋体现在：

（1）自己需要与爱人在情感上有亲密的联结；

（2）当自己沮丧时，需要爱人能够有所回应；

（3）如果知道有爱人的支持，就能比较勇敢地探索世界。

依恋为亲密关系中的双方提供了情感上的支持，让双方的情感需求得到了满足。如果没有了这种依恋，大概也做不成恋人。

而依恋理论的出现，让我们明白了爱的真正意义所在。

“依恋理论之父”约翰·鲍尔比（John Bowlby）认为：我们在婴儿和儿童时期学会的与父母之间的特定依恋方式，是我们对“关系”的最初认知，也可以说是一种既定模型或图式。这个早期图式往往会伴随我们一生，并扩展到我们与其他人的关系之中。

我们对于依恋的需求、在依恋中的各种表现都会深刻影响我们和另一半的情感质量。如果彼此的情感性表达越多，情感需求满足得越充分，亲密关系的质量就越高。比如说，很多人会一见钟情，电光石火地爱上一个人，但在后来的相处中却发现和对方并不合适，自己在这段感情中很拧巴、很不舒服，甚至不如自己单身一人时的状态。因为在这段感情中，自己的情感需求总是被对方忽视，得不到满足，感觉越来越不开心，内在的依恋模式没有得到回应。要知道亲密关系中的爱，是建立在较强的心理依恋上的，当我们和对方在一起时，更希望有足够的确信，可以让我们毫无保留地将心扉对其打开，而这一切的前提就是我们能够感到充分被信赖和被重视。

所以，重点不是拥有亲近的人际关系，而是关系本身的质量。依恋是一种自然而然的情感，是我们安全感的重要来源之一。那些感受到伴侣认同和肯定自己需求的人，对亲密关系的评价会更高，同时更有信心去独立解决问题，从而更有可能实现他 / 她的个人目标。

依恋非常关键，实际上，在这个世界上，从摇篮到坟墓，我们的生命都围绕着依恋展开。

依恋理论：原来爱情有迹可循

为什么有的人总是在恋爱，有的人却一直“母胎单身”？

为什么有些人看一眼就怦然心动，有些人相处十年也擦不出火花？

好莱坞爱情电影告诉我们：“爱情是盲目的（Love is blind）。”

但是心理学家告诉我们：“爱情不仅不是盲目的，而且是有迹可循的。”

对于“爱是什么”这样一个千古悬疑，当今学术界的主流答案是**爱如依恋**。

心理学家认为，**关系中的双方对彼此深层需求的应答性，是爱最重要的特征之一**。这个简洁的答案得到了大量实质数据的支持。关于爱情的深层需求，依恋理论提供了一个较为坚实的基础。一起来了解下依恋理论吧！

依恋理论的形成与发展

依恋（attachment），一般被定义为婴幼儿和他的照看者（一般为父母亲）之间存在的一种特殊的情感关系。它产生于亲子互动的过程中，是一种感情上的联结和纽带。

最早关注依恋的是“精神分析之父”西格蒙德·弗洛伊德（Sigmund Freud），他从精神分析的角度对婴儿进行观察，认为父母特别是母亲，对婴儿的喂养以及教养方式决定婴儿的依恋性质，儿童对母亲的依恋会成为其日后各种人际关系的原型。依恋的出现是为了满足个体的各种驱动力。

之后，奥地利生物学家康拉德·劳伦兹（Konrad Lorenz）的“雁鹅认亲”实验为依恋研究提供了最早的动物实验证据。

劳伦兹的“雁鹅认亲”实验

印刻（imprinting）是著名习性学家劳伦兹在1935年揭示的重要现象，所谓“印刻”，主要指雁、鹅、鸭、鸡等早熟性的雏鸟在孵化前后的短暂期间内，对接收到的刺激（亲鸟的体态和声音）表现出尾随反应的现象。这种印刻效应在哺乳动物中也是存在的。劳伦兹还发现：几乎所有哺乳动物都有这种“关键期”现象，在人类心理发展过程中也有类似的现象。如果错过了关键期，孩子的能力形成将很困难。

心理学家通过这一现象，开始注意到父母对儿童依恋心理的影响，也开始建立更多、更复杂的实验，去研究早期亲子之间的互动。

例如，19 世纪 50 年代美国心理学家哈利·哈洛（Harry F.Harlow）开展的著名的“恒河猴母爱剥夺”实验：

哈利·哈洛的“恒河猴母爱剥夺”实验

哈洛用铁丝做了一个代理母亲，它的胸前有一个可以提供奶水的装置，然后，哈洛又用绒布做了一个代理母亲。于是恒河猴有了两个“母亲”，一个是柔软、温暖的“母亲”，一个是有着无限耐心、可以 24 小时提供奶水的“母亲”。哈洛把一群恒河猴宝宝和两个代理母亲关在笼子里，很快，令人惊讶的事情发生了。在几天之内，猴宝宝把对猴妈妈的依恋转向了用绒布做成的那个代理母亲。由于“绒布母亲”不能提供奶水，所以猴宝宝只在饥饿的时候，才到“铁丝母亲”那里喝几口奶水，然后又跑回来紧紧抱住“绒布母亲”。

从这个实验中可以看出，虽然喂养是形成亲密关系的重要条件，但它不是唯一条件，依恋不仅仅取决于对食物的满足。婴儿也会对很少喂养他们的人产生依恋，比如父亲、祖父母、兄弟姐妹等。甚至那些经常与父母分离的学步儿能对房间里的物体形成强烈的情感联结，比如毛毯、玩具熊等，而这些东西从来没有喂养过婴儿。

上述动物实验说明，儿童并不只是因为父母提供食物而依恋父母。

第二次世界大战期间，人们发现孤儿在孤儿院虽然得到了身体上的照顾，但这些孩子并不与照料他们的成人形成新的依恋关系，还可能表现出严重的心理障碍。这种情况促使英国心理学家、儿童精神病学家约翰·鲍尔比对依恋开始了进一步的研究，提出了依恋理论的关键概念。

鲍尔比意识到他必须发展一种新的动机和行为控制理论，建立在最新的科学基础上，而不是在弗洛伊德所信奉的过时的精神能量模型上。他从进化生物学、习性学、发展心理学、认知科学和控制系统理论等领域寻求新的理解，提出了一个创新的主张，即婴儿的联结机制是进化压力的结果。依恋理论的主要原则在他的三篇经典论文中得到正式论述：《儿童与母亲联结的本质》(1958 年)、《分离焦虑》(1959 年)和《婴幼儿期的悲伤和痛苦》(1960 年)。依恋理论则于 1969 年发表在“依恋与丧失三部曲”的第一卷《依恋》中。第二卷和第三卷分别于 1972 年和 1980 年出版，分别是《分离：焦虑和愤怒》和《丧失：悲伤和抑郁》。

根据依恋理论，婴儿的依恋主要体现在感知到痛苦或危险的情况下，为了生存而向确定的依恋对象寻求接近的过程中。在 6 个月 ~ 2 岁期间，婴儿开始依恋在社会互动中对他们保持敏感性和回应性，并始终提供一致照料的成年人。照看者（一般为父母）的反应影响婴儿依恋模式的发展，这反过来又塑造了婴儿的“内部工作模型”（下文将详细阐述）。在鲍尔比看来，人类婴儿需要与成人照看者建立一种安全的关系，没有这种关系就不会有正常的社会和情感发展。

“依恋理论之父”约翰·鲍尔比

英国著名精神科医生与精神分析师，二等勋爵，以依恋理论的开创性工作而闻名于世，被称为“依恋理论之父”，入选“20 世纪最伟大的 100 位心理学家”。为纪念这位伟大的发展心理学家，吉尔吉斯斯坦境内有一座山峰被命名为“约翰·鲍尔比山”。

耶鲁大学医学院儿童研究中心前主任阿尔伯特·索尔尼特（Albert Solnit）博士曾说：“约翰·鲍尔比是一个巨人，他是关于 20 世纪儿童的最富饶、最精辟的思想家之一。”

纽约大学精神分析师艾尔莎·弗斯特（Elsa First）也说：“他的影响力巨大且不断增长，依恋理论也在心理学和心理治疗方面变得越来越重要。”

鲍尔比的前同事，发展心理学家玛丽·安斯沃思（Mary Ainsworth）继承并发展了依恋理论。早在 20 世纪 50 年代，她便在乌干达完成了关于婴儿依恋本质的广泛观察研究，为后续依恋理论提供了大量证据基础。玛丽·安斯沃思将依恋定义为“一个人与另一个人跨越时空和空间的持久的情感联结”。她和她的学生创立了一种叫作“陌生情境”的技术，用以研究婴儿－双亲依恋。

玛丽·安斯沃思的“陌生情境”实验步骤

①婴儿自由探索，母亲在旁边观看；

②陌生人进入，先沉默不语1分钟，再与母亲交谈1分钟，然后走近婴儿与其游戏；

③母亲离开，陌生人与婴儿互动；

④母亲返回，安顿婴儿，陌生人离开；

⑤母亲离开，婴儿单独留在室内；

⑥陌生人返回，与婴儿互动；

⑦母亲再次返回，重新安顿婴儿，陌生人离开。

玛丽·安斯沃思从陌生情境实验中发现了三种截然不同的依恋模式，每个模式都对应着一个不同的母婴互动模式。

1. 安全型依恋

这类婴儿与母亲在一起时，能安逸地操作玩具，并不总是依偎在母亲身旁，只是偶尔需要靠近或接近母亲，更多的是用眼睛看母亲、对母亲微笑或与母亲有距离地交谈。母亲在场使婴儿感到足够的安全，能在陌生的环境中进行积极的探索和操作，对陌生人的反应也比较积极。当母亲离开时，婴儿的操作、探索行为会受到影响，婴儿明显表现出苦恼、不安，想寻找母亲回来。当母亲回来时，婴儿会立即寻求与母亲接触，并且很容易经抚慰而平静下来，继续去做游戏。这类婴儿占实验人数的 65%~70%。

2. 回避型依恋

这类婴儿对母亲在不在场都无所谓。母亲离开时，他们并不表示反抗，很少有紧张、不安的表现；当母亲回来时，也往往不予理会，表现出忽略而不是高兴，自己玩自己的。有时也会欢迎母亲的回来，但时间非常短暂。因此，实际上这类婴儿对母亲并未形成特别密切的感情联结。这类婴儿约占 20%。

3. 焦虑-矛盾型依恋

这类婴儿在母亲要离开前就显得很警惕，当母亲离开时表现得非常苦恼、极度反抗，任何一次短暂的分离都会引起大喊大叫。当母亲回来时，他对母亲的态度又是矛盾的，既寻求母亲的接触，同时又反抗与母亲的接触，当母亲亲近他，比如抱他时，他会生气地拒绝、推开。但是要他重新回去做游戏似乎又不太容易，他会不时地朝母亲那边看。所以这种类型又常被称为矛盾型依恋。这类婴儿占 10%~15%。

其中，安全型依恋为良好、积极的依恋，而回避型和焦虑-矛盾型依恋又被称为非安全型的依恋，是消极、不良的依恋。

4. 后续的故事

玛丽·安斯沃思的学生玛丽·梅因（Mary Main）在 20 年后，又发现了一个之前没有观察到的依恋模型——混乱型（disorganized），也称为迷失型 (disoriented) 依恋。当依恋对象不仅被婴儿体验为安全港，同时也被体验为危险的来源时，就会让他陷入茫然、混乱的状态。本来婴儿先天预设应该是受到惊吓就逃向父母，但如果此时父母也是危险源时，他就被“卡在”是该靠近还是避开父母的矛盾冲突之中。大约有 5%~10% 的儿童属于这种类型。

依恋理论“内部工作模型”的运作

鲍尔比认为，婴儿与父母的关系开始于一套内在的信号，它们把成人召唤到婴儿身边。随着婴儿年龄增长，在新的认知和情感能力的基础上、在养育者温暖而具有反应性的关怀的支持下，依恋——这种真正的情感联结就形成了，其发展经历了以下四个阶段：

前依恋阶段（0~6 周）：新生儿发出一些本能的信号，如抓、微笑、哭、看着成人的眼睛，有助于他与成人建立亲密关系，让成人来安慰他。虽然这么小的婴儿已经能辨认母亲的声音和气味，但还没有对母亲产生依恋，因为他还不介意被留在一个陌生情境里。

“正在形成的依恋”阶段（6 周 ~8 个月）：婴儿开始对熟悉的照看者，而不是对陌生人做出不同的反应。例如，4 个月的婴儿与母亲交往时，能自然地微笑、大笑并咿咿呀呀地说话，在妈妈抱他时能很快安静下来。当婴儿知道自己的行为能影响周围人的行为时，便开始形成信任感，知道照看者会对他发出的信号做出反应，但是他在与父母分开时仍然不表示抗议。

明确的依恋阶段（6~8 个月到 18 个月 ~2 岁）：对熟悉的照看

者的依恋已非常明显，婴儿表现出分离焦虑，在其依赖的成人离开时表现出烦躁不安。分离焦虑并非一直存在，它取决于婴儿的气质和当前的情境。在许多文化中，分离焦虑在 6~15 个月期间越来越严重。除了抗议父母离开，稍大些的婴儿还试图让父母一直在身边。他们爬近或走近母亲，跟随并爬到母亲身上。他们把熟悉的照看者作为安全基地，对环境进行探索。

双向关系的形成（18 个月 ~2 岁以后）：到 2 岁末，表征和语言能力的迅速发展使孩子开始理解父母的离开和返回，并能预测他们的返回。结果，分离抗议减少。幼儿开始与照看者协商，通过请求和说服来改变照看者的目标。例如，2 岁时，琳琳在爸爸妈妈离开之前会要求他们讲个故事。随着与父母在一起的时间增加，她能较好地理解父母要去哪儿（“与一位叔叔一起吃饭”）、什么时候回来（“就在你睡觉之后”），这都有助于琳琳忍受爸爸妈妈的离开。

鲍尔比认为，通过这四个阶段的经历，婴儿与照看者建立起一种持久的情感联结，并把这种情感联结当作**安全基地**。这一映象作为一个内部心理作用模型发挥着作用，它可以预期依恋对象的存在，以及在压力情境中依恋对象能否提供支持等。

基于此，鲍尔比提出了一个重要概念，称为依恋的“内部工作模型”（IWM，internal working model of attachment）。**每个人的内心都具备一个内部工作模型，它直接构成心理世界安全感的基础结构。**

内部工作模型是婴儿与父母在互动过程中发展起来的对自我和

他人的一种心理表征。如果孩子在早期的关系中体验到爱和信任，他就会觉得自己是可爱的、值得信赖的。反之，如果孩子的依恋需要没得到满足，他就会对自己形成一个不好的印象。

婴儿的母亲或照看者在对待婴儿方式上的不同，比如对婴儿的需求敏感与否，忽视与否等，无形中会对婴儿的心理产生某种影响。正如鲍尔比所说：**“一个不受欢迎的孩子不只觉得自己不受父母欢迎，而且相信自己基本上不被任何人欢迎。相反，一个得到爱的孩子长大后不仅相信父母爱他，而且相信别人也觉得他可爱。”**一方面，内部工作模型将决定个人如何看待自己，这将影响他们的自信、自尊和依赖；另一方面，它将决定个体如何看待他人，这将影响他们的回避或接近取向、孤独、孤立和社会互动。例如：当婴儿有需要时，母亲或照看者总是能细心回应和照顾，那么婴儿就会发展出一种认为对方是有反应并可信赖的，自己是可爱的并有被照顾价值的内部工作模型。反之，当照看者是拒绝回应的，婴儿就会发展出对方是没有反应的，自己是不值得关爱的或自己应该自我满足，不需要别人关爱的内部工作模型。

内部工作模型调节、解释和预测依恋对象的行为、思想和情感，也在调节、解释和预测与依恋关系有关的自我的行为、思想和情感。婴儿每天就是在与照看者的这种相互作用中形成了对成人的预期和自我的认知。而这种行为模式一旦形成，就具有了很强的保持自我稳定的倾向，成为人格的一个重要部分，会在儿童的潜意识中起作用。

内部工作模型深刻影响着儿童的行为方式，并成为他们未来人际关系的参照系。个体倾向于用已有的内部工作模型去理解新的信息，对自己应该得到何种对待和关注、给他人怎样的信任和支持、对他人的需要给以怎样的关注，以及在亲密关系中采用怎样的交往策略等做出反应，并投射到亲密关系中的另一方身上。它将对儿童的各种社会人际关系（如母子关系、师生关系、同伴关系等）都产生影响，更会对其成年以后的亲密关系产生长期影响。与此同时，随着儿童认知、情感和社交能力的提高，他们与成人、兄弟姐妹和朋友形成亲密纽带的经历，也会修正并扩展其内部工作模型。

成人浪漫依恋：父母依恋关系的延续

鲍尔比指出，我们每个人都会和特定的几个人紧密依恋，尤其是我们的父母、我们喜欢的人。这些我们想要依恋的人，我们就把他们叫作“依恋对象”。

经历了童年期、青春期，我们便进入了以成熟和繁衍为核心的成年期，寻找我们喜欢的伴侣。**成人浪漫依恋也称婚恋依恋，**是指成人伴侣之间强烈而深刻的情感联结。根据成人依恋理论，亲密关系中许多行为和动态是由调节婴儿期依恋行为的同一动机系统（依恋行为系统）所驱动的。在婴儿时期，依恋行为只面向于为孩子提供保护和支持的父母，因为通常是他们照顾和保护婴儿。然而，在成人之后，个体需要寻求另一个人作为自己的“安全基地”和“避风港”。**与主要养育者最初的互动经历形成了个体在亲密关系中互动表现的底色。**

在婚恋生活中，依恋理论在某种程度上就变成了“爱的能力说”——我们之所以爱得不太好，并非因为我们没有把爱情放在足够重要的位置上全力学习之，而是我们从小就不知道像样的“爱情”是什么，或者说，我们不习惯于健康的亲密关系，正如我们不适应安全的依恋关系一样。我们不是不想，而是不能，这种能力正是我们和父母的互动中学来的。

小的时候我们什么都不懂，就像一张白纸，诞生在这个世界。在成年之前，我们主要和母亲、父亲产生依恋，有了很亲密的关系。我们后来在爱情中想要的甜蜜感、亲密感，包括一部分的激情，和小时候父母对我们的拥抱、抚摸、牵手、亲吻等，在某个层面上是相似的。

除了亲密感上的依赖，在情感上，我们也很想要得到父母的爱，想要被父母宠爱、关心，在自己有需要的时候想要父母出现在我们身边，满足我们的需求。这些依赖第一次萌生时，并不是我们的伴侣带给我们的，而是我们的父母。

可以理解为，我们和父母的依恋在一定程度上就是爱情的雏形。

长大了之后，我们通过受教育，知道了父母并不是我们的伴侣，于是我们就会自发地去寻找第二段依恋关系，也就是我们的爱情。而我们心目中理想的伴侣，他 / 她在我们心目中的形象，是从哪里冒出来的呢？这就要追溯到我们前二十多年里面，与父母的依恋关系是怎样的了。

正如洛莉·戈特利布（Lori Gottlieb）在《也许你该找个人聊聊》中所言：

> “依恋模式的形成取决于我们幼年与养育者之间的互动。依恋模式至关重要，因为它也将影响人们成年后与人相处的模式，影响他们如何选择另一半（安稳的还是不安稳的），影响他们在一段关系中的表现（是渴爱的、疏远的，或是不稳定的），以及一段关系会如何终结（是惆怅不舍地，和和气气地，还是彻底撕破脸）。”

不过，需要指出的是，成人浪漫依恋和婴儿-双亲依恋最大的区别在于成人的依恋模式是交互的，也就是说双方之间不会分别来扮演“依恋对象”和“依恋的个体”这样的角色，每一个成人既是对方的依恋对象，又会向对方展示依恋行为，伴侣之间的角色会经常发生转变。这也是成人依恋的复杂性所在。

依恋类型决定你在爱情中的表现

很多时候，总有一些原因让我们和爱情保持距离，或者当我们身处亲密关系中，和伴侣在一起时常常会发生不愉快。很多人认为是缘分未到或是伴侣不好，而忽视了自身“内部工作模型”的原因。

婴儿的需要被满足的情况决定了他们对母亲依恋的应答模式，这种模式被称为**“依恋类型”**或**“依恋风格”**。你的依恋类型决定着你的依恋策略，很大程度上影响着你的亲密关系的走向。

你属于哪种依恋类型

当依恋理论发展到成人依恋领域的时候，哈赞和谢弗在 1988 年通过问卷调查提出：早期社会经验的不同产生了关系类型上相对持久的差异，婴儿–双亲依恋中的三种主要依恋类型（安全型、回避型、矛盾型）在成人的恋情中也得到了证实。这一观点引来众多依恋专家的关注。

后来，学者金·巴塞洛缪（Kim Bartholomew）指出，哈赞和谢弗之前所提出的回避型其实是两种完全不同的回避型，他认为人们之所以要避免和他人亲密接触，存在两种不同的原因。一种情况是期望和他人交往，但又对他人戒心重重，害怕被人拒绝和欺骗；另一种情况是习惯独立自主、自力更生，真正地喜欢我行我素和自由自在，而不愿意与他人发生紧密的依恋关系。这就将成人的依恋类型更新为四种。

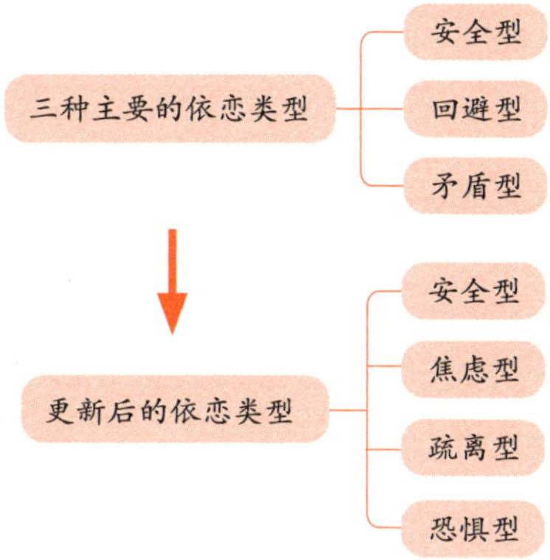

依恋类型分类变化图

具体来说，成人的四种依恋类型如下：

第一种是**安全型**(secure)或**安全-自主型**(secure-autonomous)，和儿童的安全型依恋基本相同。这种类型的人认为自己是值得被爱的，他人也是值得去爱和信任的。

安全型依恋是一种稳定和积极的情感联结，以亲密关系中的关怀、亲密感、支持和理解为标志。这种类型的人认为自己是友好、善良和可爱的人，也认为别人普遍是友好、可靠和值得信赖的人。

安全型依恋在人际关系中的策略是原发性依恋策略，因为婴幼儿时期依恋对象就是自己的安全基地，所以安全型人在人际关系中感到自在、安心。他们十分容易与其他人接近，总是放心地依赖他人和让别人依赖自己。一般来说，他们既不会过于担心被抛弃，也不怕别人在感情上与自己过于亲近。

第二种是**焦虑型**，也被称为**痴迷型**（preoccupied），这一类型的人依赖于他人的赞许来获得内心的安适坦然，所以他们过度地寻求认同，沉溺于人际关系。他们认为自己是不值得被爱的和没有价值的，但他人是可接受的，总是努力赢得他人的接纳，并以此支持消极的自我形象。

焦虑型依恋者对人际关系怀着混合的情感，常常处于爱、恨、怀疑、拿不起、放不下的冲突情感之中，喜欢用“过度激活”策略来引起他人的关注，导致一种不稳定和矛盾的心理状态。在大多数情况下，焦虑型依恋的人会觉得自己被误解和不受赏识，认为自己的伴侣和朋友都不可靠，不愿意与自己建立持久的关系；担心他们的另一半并不真正爱自己，或者会离开自己。因此，他们一方面希望能与自己的另一半极为亲近，另一方面又对伴侣是否可靠和可信满腹猜疑。

第三种和第四种依恋类型反映了两种不同的“回避型”。

回避型依恋常常表现出惧怕亲密关系和拒绝信赖别人的倾向。回避型依恋的人往往在关系尚未向好的方向转变之前就开始退缩，他们对爱情多疑且冷淡，认为别人不可靠或过分急于要承诺。结果是，他们难以完全相信和依赖别人，只要有人试图在感情上亲近他们，他们就开始紧张。从根本上讲，他们在回避亲密的关系。

疏离型(dismissing) 依恋的人对个人的看法相对积极（自己是有价值的），但是认为他人会拒绝自己，和他人建立亲密关系得不偿失。这种类型的成人会以避免与他人发生联系来作为保护自己不受伤害的手段，也就是用“降低活性”策略来与依恋对象保持距离。他们拒绝和他人相互依赖，因为他们相信自己能自力更生，也不在乎他人是否喜欢自己。他们会更关注替代选择，会留心任何可能的其他爱情选择，更容易被新结识的人所吸引。同时，他们往往希望将来的伴侣不给他们提供帮助，因为他们不打算反过来做出任何报答。

恐惧型(fearful) 依恋的人对自己和他人的态度都是消极的。这种类型的成人可能出于害怕被拒绝而极力避免和他人建立亲密关系。虽然他们希望有人喜欢自己，但更担心自己因此离不开对方，而一旦建立了亲密关系，又往往会过度担心伴侣离开自己，整天提心吊胆。有时想到与伴侣亲密相处的场景，也会令他们感到恐惧。在人际交往中，他们喜欢使用“降低活性”和“过度激活”两种策略，既往的经历使他们回避亲密，但又因害怕孤独而绝望地转向他人。

安全型依恋的人内核稳定，传递出的信息清晰、正面，他们愿意倾听伴侣的想法和感受，同时也能够分享自己的想法；而非安全型依恋的人则像时断时续的电台，信号时而强烈，时而微弱，甚至有时完全消失，沟通时往往口不对心，让伴侣难以捉摸，难以知道他们内心真正的需求和想法。

之后，凯莉·布伦南（Kelly Brennan）等学者则用维度法来考察依恋类型。他们认为，**依恋类型可以被概括为回避亲密和焦虑被弃两个维度。**

回避亲密 (avoidance of intimacy) 的不同主要体现在人们接纳相互依赖的亲密关系的难度和信任程度上。在亲密关系中感到舒心和轻松的人，回避亲密的程度就低；而与伴侣亲密接触时烦躁不安的人，其回避亲密的程度就高。

焦虑被弃 (anxiety about abandonment) 的不同主要体现在是否会害怕他人认为自己没有价值而远离自己。安全型人在与他人的亲密接触中非常安心，不会担心别人会苛刻地对待自己。相比之下，其他三种类型的人充满焦虑和不安，在亲密关系中如坐针毡。焦虑型人渴望亲密接触但害怕被拒绝；疏离型人并不担心被拒绝，但不喜欢亲密接触；至于恐惧型人则两者兼而有之，既渴望关系又害怕亲密，担心亲密关系不能长久。

如果将类型法和维度法综合起来考虑，那么我们可以得到两个维度下的四种分类。在回避亲密和焦虑被弃两个维度上的得分高低决定了成人依恋的不同类型：安全型——低回避、低焦虑；焦虑型——低回避、高焦虑；恐惧型——高回避、高焦虑；疏离型——高回避、低焦虑。

综上所述，我们可以得到下图：

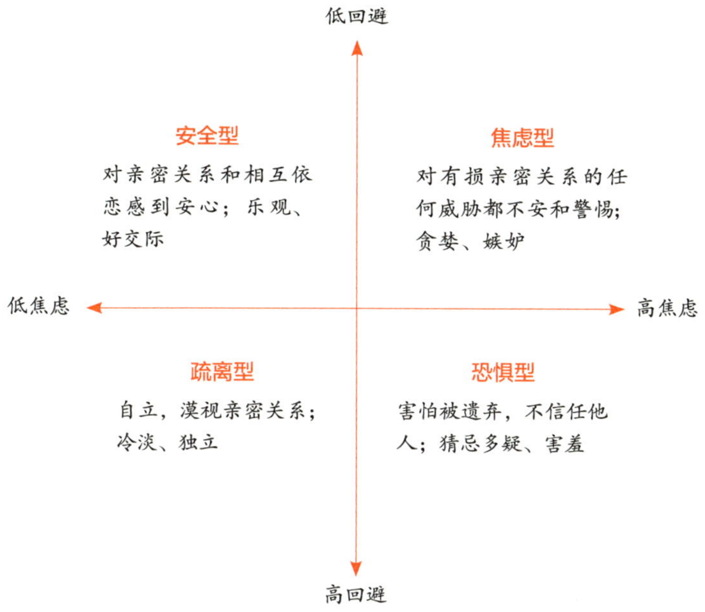

依恋的双维度图

关于这幅图，需要特别注意的是，回避亲密和焦虑被弃这两个依恋维度是由低到高连续变化的。这就意味着，虽然我们一直在讨论的依恋类型好像是纯粹的分类，但实际上并非如此。如果有人在回避亲密和焦虑被弃两个维度上都表现出中等水平，套用上述四种依恋类型中的任何一种都不太适合。

尽管如此，把依恋类型分为四类相对简单明了，所以仍广泛使用。但依恋类型差异最大的地方主要表现在安全型和非安全型的人之间。

我们习惯寻找熟悉的依恋类型

我们都希望从早期亲子关系中获得足够的安全感，每个人都希望自己的父母会关注自己、宠爱自己，对自己的需求保持敏感并提供及时的反馈，但并非每位父母都能提供这种情感。不过，安全型依恋的个体就具有这些特性，比如他们通常是热情的、善解人意的、宽容的，由于和安全型依恋的人在一起会感受到快乐，人们对于这种依恋有一种本能的向往。

但现实问题是，**非安全型依恋的个体所选择的对象常常不是安全型依恋的个体，而是接近于其父母的依恋类型的个体。**

这正是前文所提到的“内部工作模型”在起作用。非安全型依恋的人并没有意识到他们不喜欢这种依恋关系，对于他们早期与父母的相处模式，他们尚未具备能力去分析自己是否喜欢，就已经被迫接受了它，这也让他们渐渐形成了一个非理性信念，即与自己亲密的人就应该是这样的。

依恋理论表明，除非我们了解并寻求改变自己的依恋类型，否则很可能会继续用我们从最早养育者那里习得的模式来处理自己的亲密关系。例如，也许你在爱情中很黏人，为了获得安全感而不顾一切地寻求伴侣的关注——这些反应很可能深深根植于你童年时在依恋关系中看到的东西，以及你被对待的方式。

由此，可以理解，为什么一个屡次遇人不淑的女生还会反复寻找同样类型的却伤害她的男生，人称“吸渣型体质”。一个具有安全依恋的成人无疑会倾向于选择安全型依恋的伴侣，而非安全型依恋的成人会不自觉地寻求早期相同依恋模式中的那类人，因为只有这样的依恋模式才是他 / 她所熟悉的，才能够使他 / 她感到舒适。

但依恋类型并不能决定你的命运。

一系列的研究发现，同一个人的婴儿依恋行为和后来的成人依恋行为之间只有适度的相关性。支持性的教练、老师和朋友可以影响和改变我们的依恋期望和信念。我们可以通过学习更深入地信任他人，并接近安全型的成年人，建立健康的关系。因此，虽然我们最早的关系影响了我们的成人依恋类型，但这种影响并不是决定性的，而是可以改变的。我们可以从了解自己和他人的依恋类型开始。

第二章

解锁你和他／她的依恋类型

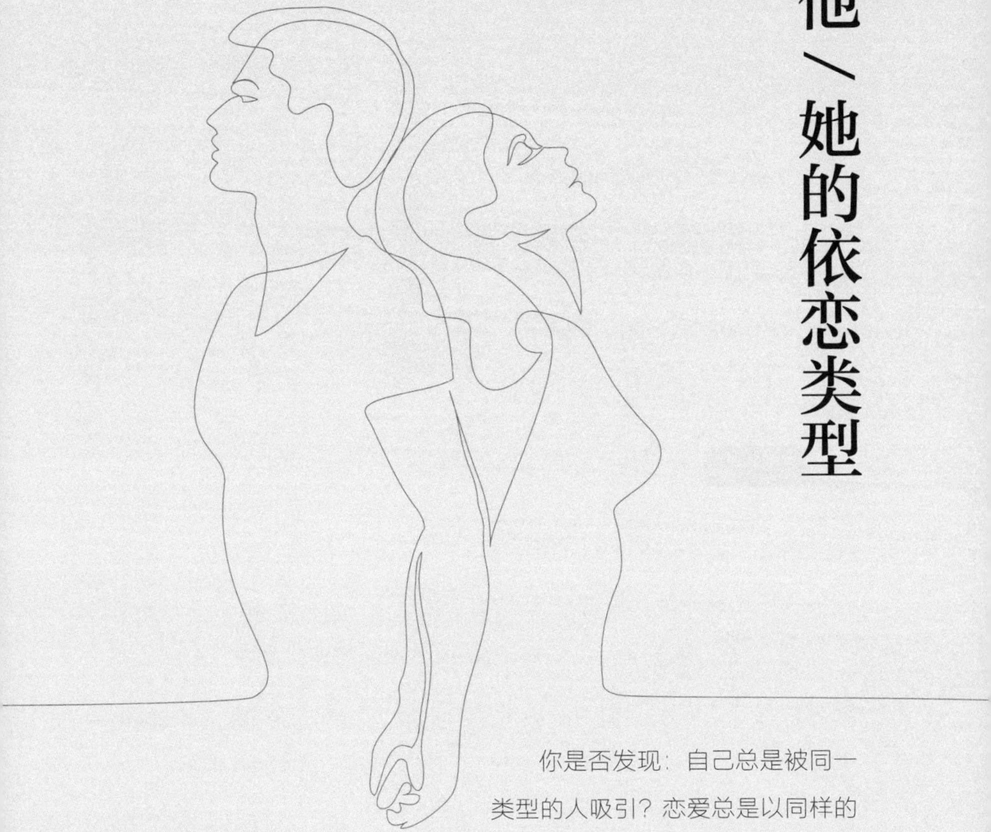

你是否发现：自己总是被同一类型的人吸引？恋爱总是以同样的原因分手？总是因为类似的事情和亲近的朋友吵架？这很可能与你的依恋类型有关。一起来探索它吧！

你是什么依恋类型

心理学家通过研究依恋理论，阐明了成人对依恋关系中的深层需求。在亲密关系中，依恋类型的匹配或许比房子、车子等因素的匹配要重要得多。我们可以通过自我觉察、他人评价来了解，也可通过自评量表来了解自己是什么依恋类型。

测一测

首先，请在安静的环境中完成以下“亲密关系经历量表”。准备好一张纸和一支笔，仔细阅读表格中的题目。

以下题目描述了恋爱关系中每个人可能会有的感受。在你的恋爱关系中，你通常的体验与每条题目描述的情况有多相似？后面的选项中：“1”表示“完全不同意”，“2”表示“比较不同意”，“3”表示“有点不同意”，“4”表示“不确定”，“5”表示“有点同意”，“6”表示“比较同意”，“7”表示“完全同意”。请根据你的实际情况圈出对应的数字。

注意，这里并不仅仅是指现在的恋爱经历，它针对的是你所有恋爱经历中常常体验到的感受。如果你尚未恋爱，请根据与你最亲近的朋友的交往情况作答。

测试开始！

亲密关系经历量表[①]

（Experiences in Close Relationships Inventory，ECR）

题目	得分						
01. 总的来说，我不喜欢让恋人知道自己内心深处的感觉	1	2	3	4	5	6	7
02. 我担心我会被抛弃	1	2	3	4	5	6	7
03. 我觉得跟恋人亲近是一件惬意的事情	1	2	3	4	5	6	7
04. 我很担心我的恋爱关系	1	2	3	4	5	6	7
05. 当恋人开始要跟我亲近时，我发现我自己在退缩	1	2	3	4	5	6	7
06. 我担心恋人不会像我关心他／她那样地关心我	1	2	3	4	5	6	7
07. 当恋人希望跟我非常亲近时，我会觉得不自在	1	2	3	4	5	6	7
08. 我有点担心会失去恋人	1	2	3	4	5	6	7
09. 我觉得对恋人开诚布公，不是一件很舒服的事情	1	2	3	4	5	6	7
10. 我常常希望恋人对我的感情和我对恋人的感情一样强烈	1	2	3	4	5	6	7
11. 我想与恋人亲近，但我又总是会退缩不前	1	2	3	4	5	6	7
12. 我常常想与恋人形影不离，但有时这样会把恋人吓跑	1	2	3	4	5	6	7
13. 当恋人跟我过分亲密的时候，我会感到内心紧张	1	2	3	4	5	6	7

① “亲密关系经历量表”由布伦南、克拉克和谢弗编制，是被广泛使用的自我评估型成人依恋量表。本书中使用的版本为 2006 年由李同归、加藤和生所编制的中文修订版。

（续表）

题目	得分						
14. 我担心一个人独处	1	2	3	4	5	6	7
15. 我愿意把我内心的想法和感觉告诉恋人，我觉得这是一件自在的事情	1	2	3	4	5	6	7
16. 我想跟恋人非常亲密的愿望，有时会把恋人吓跑	1	2	3	4	5	6	7
17. 我试图避免与恋人变得太亲近	1	2	3	4	5	6	7
18. 我需要我的恋人一再地保证他 / 她是爱我的	1	2	3	4	5	6	7
19. 我觉得我比较容易与恋人亲近	1	2	3	4	5	6	7
20. 我觉得自己在要求恋人把更多的感觉，以及对恋爱关系的投入程度表现出来	1	2	3	4	5	6	7
21. 我发现让我依赖恋人是一件困难的事情	1	2	3	4	5	6	7
22. 我并不是常常担心被恋人抛弃	1	2	3	4	5	6	7
23. 我倾向于不跟恋人过分亲密	1	2	3	4	5	6	7
24. 如果我无法得到恋人的注意和关心，我会心烦意乱或者生气	1	2	3	4	5	6	7
25. 我跟恋人什么事情都讲	1	2	3	4	5	6	7
26. 我发现恋人并不愿意像我所想的那样跟我亲近	1	2	3	4	5	6	7
27. 我经常与恋人讨论我所遇到的问题以及我关心的事情	1	2	3	4	5	6	7
28. 如果我还没有恋人的话，我会感到有点儿焦虑和不安	1	2	3	4	5	6	7
29. 我觉得依赖恋人是很自在的事情	1	2	3	4	5	6	7
30. 如果恋人不能像我所希望的那样在我身边，我会感到灰心丧气	1	2	3	4	5	6	7
31. 我并不介意从恋人那里寻找安慰，听取劝告，得到帮助	1	2	3	4	5	6	7
32. 如果在我需要的时候，恋人却不在我身边，我会感到沮丧	1	2	3	4	5	6	7
33. 在需要的时候，我向恋人求助，是很有用的	1	2	3	4	5	6	7
34. 当恋人不赞同我时，我觉得确实是我不好	1	2	3	4	5	6	7
35. 我会在很多事情上向恋人求助，包括寻求安慰和得到承诺	1	2	3	4	5	6	7
36. 当恋人不花时间和我在一起时，我会感到怨恨	1	2	3	4	5	6	7

计分表

题目	1	3	5	7	9	11	13	15	17	19	21	23	25	27	29	31	33	35
得分																		
题目	2	4	6	8	10	12	14	16	18	20	22	24	26	28	30	32	34	36
得分																		

注意：本表分两部分计分，第一行为“回避亲密”维度，第二行为“焦虑被弃”维度；其中第3、15、19、22、25、27、29、31、33和35题为反向记分题（7=1，6=2，5=3，4=4，3=5，2=6，1=7）。

计算方法：

（1）首先将反向计分题进行反向计分。

（2）计算维度分：回避维度分（用字母A来表示）A=（1+3+5+……+35）/18，即奇数项的平均数；焦虑维度分（用字母B来表示）B=（2+4+6+……+36）/18，即偶数项的平均数。

（3）依照费舍尔线性判别公式计算依恋类型的得分。

M1 安全型 =A×3.2893296+B×5.4725318−11.5307833

M2 恐惧型 =A×7.2371075+B×8.1776448−32.3553266

M3 焦虑型 =A×3.9246754+B×9.7102446−28.4573220

M4 疏离型 =A×7.3654621+B×4.9392039−22.2281088

（4）判断依恋类型。上一步骤中哪种类型的数值高则为那一类型。比如，当M1大于其他三个时，则为安全型。

我们以柳青为例，看看如何利用 ECR 量表自我评估依恋类型。

柳青在安静的环境下，认真阅读了各个题目，选出了最符合自己的得分（标红部分即为柳青的各题得分），如下表所示。

题目	得分						
01. 总的来说，我不喜欢让恋人知道自己内心深处的感觉	1	2	3	**4**	5	6	7
02. 我担心我会被抛弃	1	2	3	**4**	5	6	7
03. 我觉得跟恋人亲近是一件惬意的事情	1	2	3	4	5	**6**	7
04. 我很担心我的恋爱关系	1	2	3	4	**5**	6	7
05. 当恋人开始要跟我亲近时，我发现我自己在退缩	1	2	3	4	**5**	6	7
06. 我担心恋人不会像我关心他 / 她那样地关心我	1	2	3	4	5	**6**	7
07. 当恋人希望跟我非常亲近时，我会觉得不自在	1	2	3	4	5	**6**	7
08. 我有点担心会失去恋人	1	2	3	4	5	**6**	7
09. 我觉得对恋人开诚布公，不是一件很舒服的事情	1	**2**	3	4	5	6	7
10. 我常常希望恋人对我的感情和我对恋人的感情一样强烈	1	2	3	4	5	6	**7**
11. 我想与恋人亲近，但我又总是会退缩不前	1	2	**3**	4	5	6	7
12. 我常常想与恋人形影不离，但有时这样会把恋人吓跑	1	2	**3**	4	5	6	7
13. 当恋人跟我过分亲密的时候，我会感到内心紧张	1	**2**	3	4	5	6	7
14. 我担心一个人独处	1	2	3	**4**	5	6	7
15. 我愿意把我内心的想法和感觉告诉恋人，我觉得这是一件自在的事情	1	2	3	**4**	5	6	7
16. 我想跟恋人非常亲密的愿望，有时会把恋人吓跑	1	2	3	**4**	5	6	7
17. 我试图避免与恋人变得太亲近	1	**2**	3	4	5	6	7
18. 我需要我的恋人一再地保证他 / 她是爱我的	1	2	3	4	5	**6**	7
19. 我觉得我比较容易与恋人亲近	1	2	3	4	**5**	6	7
20. 我觉得自己在要求恋人把更多的感觉，以及对恋爱关系的投入程度表现出来	1	2	3	4	5	**6**	7
21. 我发现让我依赖恋人是一件困难的事情	1	**2**	3	4	5	6	7
22. 我并不是常常担心被恋人抛弃	1	2	3	**4**	5	6	7
23. 我倾向于不跟恋人过分亲密	1	**2**	3	4	5	6	7

（续表）

题目	得分						
24. 如果我无法得到恋人的注意和关心，我会心烦意乱或者生气	1	2	3	4	5	6	7
25. 我跟恋人什么事情都讲	1	2	3	4	5	6	7
26. 我发现恋人并不愿意像我所想的那样跟我亲近	1	2	3	4	5	6	7
27. 我经常与恋人讨论我所遇到的问题以及我关心的事情	1	2	3	4	5	6	7
28. 如果我还没有恋人的话，我会感到有点儿焦虑和不安	1	2	3	4	5	6	7
29. 我觉得依赖恋人是很自在的事情	1	2	3	4	5	6	7
30. 如果恋人不能像我所希望的那样在我身边，我会感到灰心丧气	1	2	3	4	5	6	7
31. 我并不介意从恋人那里寻找安慰，听取劝告，得到帮助	1	2	3	4	5	6	7
32. 如果在我需要的时候，恋人却不在我身边，我会感到沮丧	1	2	3	4	5	6	7
33. 在需要的时候，我向恋人求助，是很有用的	1	2	3	4	5	6	7
34. 当恋人不赞同我时，我觉得确实是我不好	1	2	3	4	5	6	7
35. 我会在很多事情上向恋人求助，包括寻求安慰和得到承诺	1	2	3	4	5	6	7
36. 当恋人不花时间和我在一起时，我会感到怨恨	1	2	3	4	5	6	7

柳青的各题得分如下表所示：

题目	1	3	5	7	9	11	13	15	17	19	21	23	25	27	29	31	33	35
得分	4	6	5	6	2	3	2	4	2	5	2	2	5	5	5	5	5	6
题目	2	4	6	8	10	12	14	16	18	20	22	24	26	28	30	32	34	36
得分	4	5	6	6	7	3	4	4	6	6	4	5	5	5	5	5	3	5

将第 3、15、19、22、25、27、29、31、33 和 35 题进行反向记分后，得出以下结果。

题目	1	3 R	5	7	9	11	13	15 R	17	19 R	21	23	25 R	27 R	29 R	31 R	33 R	35 R	累计
得分	4	2	5	6	2	3	2	4	2	3	2	2	3	3	3	3	3	2	54
题目	2	4	6	8	10	12	14	16	18	20	22 R	24	26	28	30	32	34	36	累计
得分	4	5	6	6	7	3	4	4	6	6	4	5	5	5	5	5	3	5	88

可以算出：

柳青的回避维度分 $A=54/18=3$；

柳青的焦虑维度分 $B=88/18=4.8888889$。

依照费舍尔线性判别公式计算：

M1 安全型 $=3\times3.2893296+4.8888889\times5.4725318-11.5307833\approx25.09$

M2 恐惧型 $=3\times7.2371075+4.8888889\times8.1776448-32.3553266\approx29.34$

M3 焦虑型 $=3\times3.9246754+4.8888889\times9.7102446-28.4573220\approx30.79$

M4 疏离型 $=3\times7.3654621+4.8888889\times4.9392039-22.2281088\approx24.02$

从以上计算结果可以看出，柳青的 M3 分数最高，依恋类型为焦虑型。

你可以试着测一测。做完测试以后可以对自己的依恋类型有大致的判断。

TIPS

我们再来明确一下各种依恋类型的特点。

安全型

在与他人交往的过程中感到非常安心，不会担心别人苛待自己，往往能给他人提供有效的支持，安慰和鼓舞对方。可以积极快乐地寻找亲密、相互依赖的人际关系。进入一段亲密关系时，对另一半有信任感，不会疑神疑鬼，在关系中具有安全感，他们不担心也不害怕伴侣会抛弃他们，不会抗拒伴侣之间的亲密动作。

代表人物：电视剧《锦衣之下》中的女主角，六扇门小捕快袁今夏。尽管只是“片警”一枚，却自信、乐观、坚毅，不管是在工作中还是生活上，都不忸怩作态，凡事拎得清、明事理。面对出身官宦世家的男主角陆绎从未自惭形秽，而是相互信任、相互扶持，两人在认真“搞事业”的过程中感情不断升温。

焦虑型

希望在亲密关系中投入全部的感情，快速进入亲密阶段，但因为对亲密关系的过度在意与期待，常常会发现对方并不乐意把关系发展到如自己期望的那般亲密，这让他们感觉不安，经常患得患失，会担心伴侣不如自己看重他 / 她那样看重自己。因而在亲密关系中表现出过度敏感，把正常的人与事视为损害亲密关系的威胁。他们会因为伴侣没有秒回信息而坐立不安，要求伴侣每时每刻都和自己在一起，否则就会焦虑担心，认为伴侣不爱自己了。在他人看来，这类人常常表现出极强的占有欲和嫉妒心。

代表人物：电影《被嫌弃的松子的一生》中的女主角松子，哪怕伴侣对她拳脚相加，她也不愿离开。她会说“只要和这个人在一起，地狱也好，什么地方都好，我都跟着他，这就是我的幸福”；会一直问伴侣“你爱我吗”，要伴侣承诺“要一生一直在一起”；会负面预期，一有风吹草动就会胡思乱想，“我就知道他不是真的爱我”。

❤疏离型

认为和他人建立亲密关系得不偿失，在亲密关系中态度和行为均表现得很冷淡甚至冷漠。不依赖他人，更相信自己，认为独立和自给自足比亲密关系更重要；也不喜欢被他人依赖，没有亲密关系有时会让他们感觉更自在。此类型的人面对伴侣的亲密要求时，耐心通常较低，会认为伴侣的要求太多，对伴侣在感情里的期待与求而不得的痛苦相对比较漠视。他们可以心安理得地在结束一段关系后，很快又爱上别人。这常让他们的伴侣感觉非常糟糕，感到不知所谓地被拒绝或者遭受冷暴力。

代表人物：英剧《伦敦生活》的女主角“邋遢鬼”属于疏离型依恋，她会打扮得光鲜亮丽，吸引异性发生一段关系，但从不走心，因为她没有能力拥有持久稳定的亲密关系。她在关系中不会付出情感，因而也不会受伤，和对方说分就分，很快就会有下一任男友。

♥恐惧型

在人际关系中害怕被遗弃，不信任他人，猜忌多疑，害羞，和他人发生亲密接触会很不安，感情上渴望亲密关系，但很难完全相信他人或依赖他人，担心自己和他人变得太亲密时会受到伤害。他们在一段亲密关系中常有很多顾虑，会在感到受到伤害时切断与伴侣之间的联结，然后想方设法破坏自己最想要的关系。需要区分的是，疏离型不太在乎是否拥有亲密关系，而恐惧型则渴望亲密关系，只是更担心因为亲密而受伤，所以在没有足够的安全感之前选择回避。

代表人物：日剧《逃避虽可耻但有用》的男主津崎就是恐惧型人。他暗恋女主，但不敢表白，当他情不自禁，紧张又笨拙地吻了女主时，女主回以柔软的拥抱，他立刻拒绝，说“我做不到”。之后虽然历经各种波折确定了关系，他却连拥抱都感觉到别扭，终于在一遍遍练习后，逐渐学会如何表达和回应爱。

你的另一半是什么依恋类型

依恋类型除了帮助我们了解自己在亲密关系里的表现，还有助于我们理智地看待心仪对象，或是帮助我们更了解朝夕相伴的伴侣。这样，恋爱时，你就不会再纠结于“对方喜不喜欢我”之类的问题，你会思考：“我该为这个人付出真心吗？这个人能够满足我的情感需要吗？”而对于是否要将爱情进行下去的问题，也有了相对明确的参考。你要问自己：“这个人想安定下来吗？他对我是若即若离，缺乏热情，还是真心实意，说到做到？”这些问题的答案越早知道越好，免得拖到以后成为幸福的隐患。

了解自己的依恋类型比较容易，但识别对方的依恋类型相对有些困难。你可以通过测试了解自己的依恋类型，而对于伴侣，你就不能轻易这么做。尤其是当你刚刚交了个男友或女友，此时并不适合盘问对方的过去，也不好突然拿出测验题目要对方做。不过，我们也不是没有办法了解另一半的依恋类型，一个人日常的行为语言总会露出一些迹象，只要细心观察，就能够发现他 / 她的依恋类型。

心理学家在研究依恋理论的时候，会请人到实验室里，和他们随便聊天，让他们说一说感情问题。聊天时，他们对亲密关系的态度、对恋情的专注程度等都是判断其依恋类型的标准。我们只需要一些观察技巧，就能获得与实验室里类似的效果。

秘诀在于仔细观察，认真聆听。根据你在日常生活中对伴侣的观察、了解来做一做下面的问卷，把符合描述的选项勾选出来。

测一测

A组依恋类型

1. 很容易与他人亲近。

2. 愿意让你依赖。

3. 重视承诺，除非特殊情况，都会说到做到。

4. 看待事物包括感情很豁达，能够客观评价他人。

5. 能坦诚交流，当两人之间发生矛盾时，会主动告诉你产生负面情绪的原因，不让人猜测。

6. 遇到问题不回避，把问题当作更深一步了解的契机，试着对你有更多了解，去解决问题。

7. 会表达情感，如会说类似于“遇到你是我的幸运”“我爱你”等。

8. 不计较两人在交往中的付出。

9. 会向你分享他/她内心的感受和想法。

10. 认为自己是个招人喜欢的人。

B 组依恋类型

1. 总担心你会离开他 / 她。

2. 当看到你和异性有来往时，会疑心你有可能出轨。

3. 你们不在一起时会不停地打电话、发信息。

4. 想要每天和你在一起，很喜欢身体的接触。

5. 缺乏安全感，害怕会受到伤害。

6. 总想讨你欢心，什么都愿意做，即使自己不喜欢，甚至有时做出让人感觉有些过分的牺牲。

7. 有时会联系不上，感觉很冷淡，不接电话不回信息。

8. 很敏感，当你因为其他事很疲惫，不想陪着他 / 她一起说话聊天时，他 / 她会说你不爱了。

9. 总想得到你的认同，否则会感觉自己很糟糕。

10. 会不明所以地生气，时不时提分手。

C 组依恋类型

1. 当你让他 / 她做出承诺时，他 / 她表现出恐慌。

2. 很在意个人空间，他 / 她不想让任何人依赖，包括你。

3. 不能信任任何人。

4. 不想和你谈未来，不想规划你们共同的生活。

5. 会时不时地说你或前任这不好那不行。

6. 不想和你在肢体上有亲密接触。

7. 和你保持很清晰的界限，不介绍朋友和家人给你认识。

8. 如果一件本该他 / 她完成的事让他 / 她感觉不舒服，他 / 她就会逃避。

9. 当和你的想法冲突时，一定要想办法说服你按他 / 她的想法来，否则会生气。

10. 不能理解你的感受，也不谈自己的感受。

（1）统计各组依恋类型的数目：

符合 A 组描述的项数：____________________

符合 B 组描述的项数：____________________

符合 C 组描述的项数：____________________

（2）计算总数后，数目最多的那一项就是你伴侣的依恋类型。A 组最多，说明是安全型依恋；B 组最多，说明是焦虑型依恋；C 组最多，说明是疏离型依恋；B、C 项数都多，则为恐惧型依恋。

考一考：他们是什么依恋类型

在了解自己和伴侣的依恋类型之后，你就会理解你们之间发生的冲突、矛盾大多是依恋类型导致的。你会理解：为什么伴侣会要求和你黏在一起，不给你留私人空间；为什么有的伴侣总是显得自负甚至有些自大，总是要贬低对方，总是要表现自己无所不能、完美无缺；为什么有的人对亲密一些的肢体动作感到浑身不自在，而有的人好像喜欢和人亲近，但情绪变化大，让人捉摸不透，等等。

这不是谁不好，也不是谁是“作精”或者“自大狂”，而是亲密关系中的相处触发了他们所属依恋类型的防御机制。找到了根源，我们就可以知道该在语言和行为上如何回应伴侣，更好地经营好亲密关系。

下面给出几个案例，你能通过他们在亲密关系中的言行判断出他们的依恋类型吗？先自己判断之后再对照答案，相信你会对依恋类型的特征更加了解，从而能够依照伴侣在亲密关系中的表现，进一步确认他们的依恋类型。

案例 1

明远，男，28 岁，和女友相恋半年。虽然两人之间会有些小的冲突和矛盾，但整体感觉还是开心的时候多。最初女友有时会无缘无故地发脾气，“你买的是什么啊，家里根本就用不上”“你根本都不关心我”，说话气急败坏，还会摔东西。明远没有被激怒，而是平和地安慰女友：“我知道这几天你很忙，才换了新工作，环境、同事都要熟悉，心情一定也会受影响，说说看，今天发生了什么？”当得知女友因为招标书上的用词不严谨被领导批了一通时，明远说：“心疼宝宝，领导这么说确实让人很不舒服。”然后问女友需要自己做些什么，比如一起出去看场电影或者陪她逛街等。当女友的情绪缓解后，明远也告诉女友，她那样表达情绪的方式自己也会很受伤，让女友相信，无论发生什么，自己都会陪在她身边。后来女友也逐渐改变，再遇到一些不顺心的事，会直接向明远倾诉，两人一起分担。明远也认为女友漂亮、善良、孝顺，在一起很幸福。

请问：明远的依恋类型是__________________

女友乱发脾气、摔东西，这些糟糕的情绪和行为明远能接住，而不是被激怒，互相伤害、摔东西。这是判断明远属于安全型依恋的依据。明远能够平和地沟通，向女友传达自己的关心和爱，同时能够理性看待问题。明远相信自己有能力去解决，不会负向思考问题，总是能看到积极的一面，且善于表达，能保持较强的自我，不容易被一段不健康的亲密关系伤害。如果明远是焦虑型或恐惧型依恋者，当女友是这样的表现时，他会认为自己很糟糕，不值得别人爱，所以女友才会发脾气，于是会隐忍自己的负面情绪，委屈自己以求得女友的欢心。如果明远是疏离型依恋者，则会从心底里看不上女友，不理会女友的情绪，选择远离，享受自己的自由空间。明远能够很坦白地告诉女友，她的那种表达情绪方式自己也会很受伤，共同找到正确的沟通方式，这也是安全型人的典型特征之一。

明远的女友可能是焦虑型人，但在明远的承接下，也逐渐向安全型转变，在安全的亲密关系中，显露出真实的自我。

答案：明远的依恋类型是**安全型**。你答对了吗？

案例 2

贝影，女，25 岁。她最近恋爱了，与男友一见钟情并迅速坠入爱河。在她眼里，男友长相帅气，身材优秀，既幽默风趣，又善解风情。贝影感觉男友太完美了，自己完全被他迷住了。但自己无论是从长相还是身材还是工作，都配不上男友，所以她付出全部去关心男友，每时每刻都想和他在一起，会担心别的女人乘虚而入。她无法专心工作，唯恐有一丝闪失，男友就会离自己而去。男友偶然间一个不太高兴的眼神，都会让贝影琢磨半天："他对我不满意了，他要离开我了。"给男友发信息时，她也会仔细揣摩用词，编好删掉，发了又撤销，再编辑，重复几次才发送出去。

请问：贝影的依恋类型是__________________

贝影强烈地渴望亲密关系，把男友完美化，非常缺乏安全感，担心哪里做不好就会被男友抛弃。每天都想和男友在一起，不给他留个人空间，失去自我，以男友的需要为尊，全身心都在男友身上，工作上也不能专心。这正是焦虑型人的典型表现。他们在亲密关系中，常常把对方当作神一样的存在，小心应对呵护，对自己的伴侣产生了一定的信任或依附后，在关系里表现出对亲密关系的过度要求，总是处于不安的状态，担心对方的忠诚并展开不可控的联想。

焦虑型背后的根源是"被爱"的匮乏，在这种情况下，人容易陷入低迷状态，不相信自己拥有价值，不认为自己值得被爱，需要把自我价值依附在别的主体上，在伴侣或者更多的人身上得到验证。

答案：贝影的依恋类型是**焦虑型**。你答对了吗？

案例 3

小青，女，30 岁。最近几年被家人接力催婚。小青也去相了几次亲。每次都会兴奋一段时间，感觉男方不错，是那个命中注定的良人，于是热情应对，摩拳擦掌，对方也被吸引，准备迎来一场真挚而又轰轰烈烈的爱情，但小青总是见过几次面后热度就降下来。她认为两个人在一起太烦了，自己玩游戏、运动的时间都被挤占了。还说相亲对象没有那么好，又矮又自以为是，工作上也不出色。于是很快又回到了单身状态，而且很是享受。相亲对象则感觉除了最初的几天还不错，后来总是一直走不近小青，看不懂小青，有时还会被小青贬低。当家人、朋友劝小青找个男友陪伴时，她说一个人想干什么都可以，看电影可以自己喜欢看哪部就看哪部，不用照顾谁的兴趣，逛超市自己想吃什么、用什么就买什么，不用照顾谁的需求，一个人吃火锅想点什么就点什么，想“撩”谁就“撩”谁，别提有多开心，自己去动手术都可以。要什么男朋友啊，自己的生活都被影响了。

关于动手术的事，闺蜜说当时是要陪着小青一起去的，但小青硬是把她推走了，自己定下了手术时间，谁也没告诉，尽管她心底是希望有人陪伴的。

请问：小青的依恋类型是________________

小青总想给他人留下独立、强大的形象，不想让他人影响自己的个人空间，哪怕是伴侣。她也需要激情，但不想要亲密，担心自己的边界会被打破，怕有人渗透到她的生活中。她享受独立生活，习惯独来独往，不想依赖任何人，即使是手术，也不让人陪伴。这些都是疏离型人的典型特征。

小青对待感情一开始热情，后面热度逐渐下降，认为生活中还有许多重要的事情，不能让感情消耗这么多时间和精力，从而导致对方摸不着头脑。虽在人群中也有孤独感，但疏离型人很难表达自己的内心世界，也不寻求他人的帮助，活在他们为自己筑成的城堡中，不需要别人的进入。

答案：小青的依恋类型是**疏离型**。你答对了吗？

案例 4

子秋，男，32 岁。有过三段恋爱史。经过了一年的空窗期，他终于开始了一段新的恋情。最初是他暗恋，几次徘徊在对方家门口，但不敢敲门，微信也是不咸不淡地问候。直到对方也被他吸引，主动向他表明心迹，他才小心翼翼地答应。一开始他很珍惜这段恋情，有很强的共情能力，能够敏锐地感受到女友的情感需求，因为对上一段感情的愧疚，同时也渴望完美的恋情，他对女友悉心呵护，虽然他当时还发着烧，身体也不舒服，但他感觉这都不重要，重要的是要让女友感受到自己的关心和爱。女友也很享受和他在一起的时光，但好景不长，半个月后子秋忽然变得很冷淡，竟然提出了分手。女友感到莫名其妙，一时难以接受。

原来女友某次加班到很晚，子秋去公司接她，看到她和男同事有说有笑，顿时觉得女友并不是真的爱他，于是他开始疏远女友，并提出分手。

请问：子秋的依恋类型是________________

子秋在感情中喜欢对方却不敢表白，对亲密关系有着“既想要，又怕要”的矛盾心态。因为担心自己不够好，怕对方不是真的爱自己，他过分倾注和付出，不顾自己的身体状况，对女友悉心呵护，希望得到一份完美的、毫无瑕疵的爱情。同时他又担心被伤害，对关系有深深的不信任感。只是因为看到女友和男同事交流的场景，就认定对方对自己不是真心的，于是开始主动疏远，提出分手，尽管自己还是爱着女友的。这些都是恐惧型人的典型特征。

恐惧型人的表现常常会让伴侣感到困惑，让伴侣觉得他们在掌握着主动权，但实际上他们的内心相当矛盾、纠结。

答案：子秋的依恋类型是**恐惧型**。你答对了吗？

什么样的依恋类型适合我

每个人的依恋类型代表着他自身对情感的真实需求，决定着他在爱情中的自然表现。相信有不少人会情不自禁地发出疑问：什么样的依恋类型是适合我的？对此，心理学家做了一系列的研究。

不同依恋类型的配对

4 种依恋类型，两两组合，能够产生 16 种不同的配对方式。那如何配对会让亲密关系的质量更高一些呢？

有学者对 16 种配对依恋类型的婚姻质量满意度进行分析，发现当夫妻双方都是安全型时，丈夫的满意度最高；当安全型妻子搭配焦虑型丈夫时，丈夫的满意度最低；当安全型妻子搭配疏离型丈夫时，妻子的满意度最高；当恐惧型妻子搭配安全型丈夫时，妻子的满意度最低。这些结果很有趣，可能与男女的情感需求差异有关。但总的来说，**两个同为安全型依恋的人最有可能成功维持稳定的伴侣关系。**研究人员阿米尔·莱文（Amir Levine）和雷切尔·海勒

（Rachel Heller）指出，安全型依恋的人会程序化地期待伴侣的爱和回应，他们对亲密关系感到非常舒服，并且拥有一种“不可思议”的能力来表达自身的需求和回应伴侣的需求。

事实上，安全型依恋者的组合都有很大的成功概率。和一个安全型依恋的伴侣谈恋爱，随着时间的推移，非安全型依恋的一方也会变得更有安全感，依恋模式很有可能转向安全型。一般而言，在成年初期之后，安全型依恋的人倾向于和伴侣维持稳定的亲密关系，所以在 30 岁以后，那些还在寻觅约会对象的主要是非安全型依恋的人。

话虽如此，非安全型依恋的组合也可以收获圆满的恋情，不过会遇到更大的挑战。

疏离型和恐惧型依恋者倾向于“独立自主”，因此在一段感情中投入较少。当关系中出现矛盾时，他们倾向于“远远地看着”。在生活中，他们往往不愿进入亲密关系，但相较而言，他们更喜欢安全型依恋或焦虑型依恋的伴侣，因为这两类人能够凸显自己的强大和自立。如果对方也是疏离型或恐惧型人，那他们在关系中可能都会很被动、退缩。

焦虑型依恋者渴望接近伴侣，甚至与对方完全融合，尤其是在恋爱初期，他们能够产生非常强烈的积极情绪。但他们也很难信任一段关系，对亲密的渴望具有一种“推拉”特质，这既反映出他们对亲密关系的强烈需求，同时也反映了他们对缺乏安全感的怨恨。两个焦虑型恋人之间的互动可能是一种相互依恋和控制，这使得他们双方的潜能都无法充分发挥出来。

依恋类型的最差组合奖要颁给莱文和海勒所称的“焦虑—回避陷阱”。在“焦虑—回避陷阱”中，伴侣的一方主要是疏离型依恋者，另一方是焦虑型依恋者。双方需要的亲密关系程度是不同的：焦虑型的一方试图靠近，疏离型的一方却想远离。当这些需求得不到满足时，他们就会采取相反的回应方式，从而形成恶性循环，导致关系进一步恶化。

疏离型依恋者的婚恋关系往往只持续很短的时间，而且在分手后，他们也不会因为悲伤而失去自我，因为他们从一开始就没有投入很多，所以他们似乎恢复得更快，能迅速开始下一段恋情。研究者注意到，如果是在较大年龄才有交往对象的人，属于疏离型依恋的可能性相对较高。

但有些反常的是，焦虑型依恋者和疏离型依恋者经常互相吸引。对于疏离型人来说，焦虑型伴侣可以使他们确信自己是坚强和独立的，而对方是需要和依赖自己的；而对于焦虑型人来说，疏离型伴侣会让他们更加坚定自己的消极信念，即“自己是不值得被爱的”。

此外，由于焦虑型依恋者非常渴望一段关系，因此他们可能会愿意选择一个不太理想的伴侣。不管怎样，他们彼此都满足了双方对一段关系会如何发展的期望——一种自我实现的预言，而这往往会带来不愉快的结果。在一项时长 3 年的纵向研究中，发现由疏离型依恋的女性和焦虑型依恋的男性组成的伴侣非常容易分手。

过往这些对于依恋类型和亲密关系的研究为大家提供了一些有

趣的见解，但不必将自己和伴侣过分圈定和束缚在某一个类型中，或就此认为自己不能和疑似某一依恋类型的人谈恋爱。先天遗传和后天教育环境对于一个人的依恋类型有一定影响，人的行为是可以在与他人互动中不断修正和改变的。根据一项对于大学生情侣依恋类型的研究，发现随着恋爱时间的增长，他们在回避和焦虑两个维度上的得分都有下降，尤其在回避维度上更为显著。因此，不必过分纠结自己或伴侣是哪种类型的依恋模式，而应该更关注在一段恋爱关系中双方的情感需求和实际出现的问题。

依恋类型是一成不变的吗

我们已有的依恋模式，会不断被新的经验一点点地更新和改写；有时候甚至会被完全“重写”。但通常情况下，我们最初和父母之间的依恋模式或多或少还是会对我们在亲密关系中的行为和思维产生影响。

具体来说，研究发现，很多人在青春期是“焦虑型依恋者”的概率往往很高，而且在进入青年期后，这个数值不断增加，直到中年和老年时才逐渐下降；“疏离型依恋者”的概率则随着年龄的增长而逐渐变小，在青春期初始时期较高，然后在一生中以线性方式下降。

研究人员推测，焦虑和回避的依恋倾向在青春期很高，原因很可能是个体在青春期逐渐开始与同龄人建立关系，同时可能会产生第一段亲密关系（恋爱），青少年从主要与父母有密切联系过渡到与同龄人建立有意义的关系和第一次建立浪漫关系的压力中。

研究人员还指出，中年时期焦虑和回避趋于下降的主要原因是，中年时期是对各种社会角色和关系投入最多的时候，此时的人们在关系中变得更加舒适，对关系会持续下去的信心有所增加，或者拥有了具备提供依恋需求和促进亲密关系功能的伴侣，安全感有所增加。而晚年通常是焦虑和回避倾向最低的时候，因为在此时，老年人往往非常专注于“此时”和“此地”，而不像年轻人一样总是焦虑和担心未来可能会发生的事。焦虑和回避的下降可能反映了老年人在努力与他们的伴侣和家人变得更亲密。

该研究的另一个发现是：在人生的各个时期的亲密关系中能够携手余生的伴侣，往往双方在焦虑和回避维度上的得分都较低，都属于安全型依恋。研究人员说：“安全型伴侣会奖励适当的行为，告诫不适当的行为。想要建立自己的社会角色和形象，个人会更加保持亲密关系的规则和适当的行为，并可能相应地适应和改善自己处理关系的方式，这样会让亲密关系变得更加安全。”

通过研究整体的依恋趋势并确定依恋类型变化的因素，我们意识到要认真对待鲍尔比的观点，即个体的依恋经历从出生到晚年都很重要。

那么作为非安全型依恋人群，该如何改变自己的依恋类型呢？

大多数人在不接受长期心理治疗的情况下，其实很难改变自身的依恋模式。但我们的确还是可能通过不同的经历和有意识的努力，或多或少地变得更有安全感。根据依恋科学，最可能帮你改变非安全依恋模式的途径是：找一个安全型的伴侣。

对于本身不是安全依恋类型的你来说，一开始，你很难觉得安全型人会吸引你。但如果你真的希望变得更加安全，拥有更幸福的人生，你就要有意识地付出努力，多去和安全型人接触，多给对方一些时间，也尽力打开自己的心。

此外，还有以下这些方法可能对你有帮助：

觉察和理解你自己的羞耻感，提升自尊。即让自己相信，自己是值得被爱、被尊重、被珍惜的。这可以帮助你客观看待伴侣的行为，不会对伴侣的任何一个小行为都十分敏感。

学着识别出、重视并表达出你的情感需要。

学着变坚定，对于你自己的需求，不要妥协，要求对方满足。

勇于冒风险，不要在感情中“玩心计”，不要尝试“操纵”对方，直接、坦诚。

练习接纳你自己、接纳他人，不要过于挑剔自己与他人的错误和不足。

当矛盾发生时，不要控制不住自己的情绪反应，而是学着去处理和应对。学会从“我们”出发去看问题，而不是“我”。

简而言之，焦虑型人需要学会对自己更负责任，不要过快投入一段感情；而疏离型人和恐惧型人需要学会对伴侣更负责。这有助于带来更健康、更独立的关系，而不是一方过于依赖，或者看似独立的虚假的自给自足感。

疏离型人和恐惧型人相比焦虑型人，更难自行改变，他们通常没有改变的动力，会有很多自我合理化的理由，例如，觉得自己现在过得很好。如果选择这样的人作为伴侣，想要和他 / 她携手走下去，可能就要付出异于常人的努力。你要给对方很多的空间，同时要从自己的内心去寻找信任、信念，因为对方往往不会帮助你做这些。你可以尝试的是，让他们意识到，他们的行为表现是因为害怕受伤；同时让他们意识到的确存在他们可以信任的人，比如你。一旦他们开始意识到，他们也就会开始改变了。

当然，改变的前提是详细了解自我和另一半。接下来的几章将对每种依恋类型的人在亲密关系中的表现、如何通过自我探索成长、如何和各种类型的伴侣相处等进行详细阐述，希望能为你提供相对应的解决策略，帮助你拥有健康、甜蜜、舒适的亲密关系。

第三章 焦虑型依恋者的爱情

焦虑型依恋者是爱情中特别容易受伤的人群，因为他们敏感、在乎他人，经常陷于内耗，在你的身边有这样的人吗？

案例

为爱痴狂

女主视角：我爱你，更怕失去你

孙羽和男朋友邓成最终还是分手了。孙羽极度痛苦，最初她就怕失去邓成，对邓成倾尽全身心的爱，细致入微地关心，尽其所能地照顾，她从不考虑自己，只要感觉邓成需要，哪怕不上班都要陪在他身边，但邓成最终还是选择离开了她，这让她很是痛苦。

半年前，孙羽在火车上偶遇了邓成，邓成幽默、风趣，一米八五的身高，让她很有安全感，交流中孙羽发现邓成的家就住在她单位旁，她感到真是天赐的缘分，注定他们要在一起。两人互留了联系方式，加了微信好友。孙羽和邓成很快陷入热恋，孙羽更加痴迷，怎么看邓成都是完美的，感觉自己配不上他，怕失去他。孙羽推掉了公司加班、闺蜜聚会，为他打扫房间、收拾衣柜，下载各种做饭软件，变着花样为邓成做各种美食，把一颗心都放在了邓成身上。邓成生日时，孙羽除了准备了礼物，还悄悄把他们在一起的照片、视频剪辑成一部微电影，录入自己深情的旁白，当大屏幕上播放这些点点滴滴时，孙羽看到邓成很是感动。

但渐渐地，两人的争吵开始增多，孙羽总是担心邓成会离开自己，她会时不时地问邓成“你爱我吗”，得不到及时回应时就会情绪崩溃。她想要邓成可以事事按她的想法来，否则就认为邓成没有那么爱她，就会生气。邓成如果不认错，不认认真真地哄她，她会一直闹到凌晨三四点。一次就是因为孙羽想让邓成先打开外卖再开电视，邓成习惯性地先开了电视，孙羽就不依不饶，很是生气，认为自己的付出邓成都没看到，质问邓成“你是不是根本就不在乎我”。孙羽要邓成随时向她报备自己的行程，拍照片、发视频来证明自己所在的位置，邓成若因有事稍有忽略，孙羽就会难过，认为邓成根本不爱自己。

终于，邓成向孙羽提出了分手，孙羽伤心欲绝，自己付出了全身心的爱，为什么最终还是被爱所困、为情所伤。

男主视角：这份爱，我承受不起

邓成和孙羽分手了，虽然最开始邓成感到很幸运，朋友们也都投来艳羡的目光，感到邓成真是走了桃花运，孙羽不仅人长得漂亮，还非常爱邓成，每天为他洗衣做饭，三天两头找理由送个礼物表示心意。两人每天都腻在一起卿卿我我，最终分手的结果让人始料未及。

邓成一脸苦笑，他知道孙羽是个好女孩，也很爱她，但孙羽的爱太沉重、太有控制性了，自己像被这爱的坚韧丝网裹住，一层又一层，越勒越紧，密不透风，如果再不分手，自己快要被勒得喘不过气了。

最初他们在出差的火车上认识，二人是邻座，交谈中邓成被积极、阳光、乐观、看起来很是松弛的孙羽吸引，巧合的是，邓成家就在孙羽单位附近，这让两人很是惊喜。二人互加了好友，很快陷入热恋。

一开始，邓成感觉自己真的是世界上最幸福的男人。孙羽很爱他，愿意为他付出一切，会细心地感受到他的需求，无论是物质上的还是精神上的，她会倾尽所能地照顾他，为他做饭、洗衣，收拾家务，上网搜索菜谱做各种美食。在这个时代，这样的女孩是多么难得。过生日时孙羽精心准备，把两人相识以来的照片、视频剪辑在一起，像是一部唯美的爱情电影，邓成很感动，他在内心告诉自己一定要珍惜孙羽。邓成尽可能地回馈孙羽，尽量按她的意思来工作、生活。但渐渐地，邓成有些受不了。孙羽总会隔三岔五地向自己确认爱不爱她，还要求他事事报备，她要随时掌握他的行踪，并让邓成发照片、视频佐证。如果自己因为工作紧张来不及回信息，孙羽就痛哭流涕，说他不爱她，是白眼狼。一次孙羽发来了自己做的菜的照片，邓成回了“看起来还行”，孙羽就立刻打电话过来，说他对自己厌烦了，没有耐心了，在家里又哭又闹，邓成必须立刻放下手里的工作回家去哄她，否则这件事会没完没了。更离谱的是，就因为孙羽说先打开外卖再开电视，自己习惯性地先打开了电视，孙羽就一口咬定自己不爱她。

邓成无奈又疲惫，感觉自己被孙羽以爱之名牢牢控制了。再不离开她，自己就要疯掉了，于是邓成提出了分手。

分析：以爱之名的控制

孙羽太没有安全感了，总是感觉自己不值得被爱，每段恋情都把姿态放得很低，失去自我地迁就、讨好对方。因为太自卑，所以很紧张，想要时时确认对方是否爱自己，想要知道对方的动向，掌控对方的行踪，否则就会感受到被抛弃的危机。而这种痴狂的爱扭曲成了以爱之名的控制，成为男友的桎梏，让男友感到难以承受，如果两人都不能觉察原因，成长自己，最终会走向分手。

焦虑型人的爱情写真：患得患失的黏人精

焦虑型人很容易没有安全感，在亲密关系中常常害怕自己被抛弃，为了更有掌控感，他们会过度关注对方，过度依赖，患得患失，想要时时刻刻和对方在一起，甚至用一些极端的方式换取自己的安全感。

时刻陷入焦灼

焦虑型依恋的人在情感中容易时刻陷入焦灼。他们一般都很敏感，因为长期缺少爱与肯定，潜意识里认为自己不值得被爱，所以总会担心伴侣不爱自己，认为没有人能真正爱自己。

焦虑型人在亲密关系中会过度紧张，时常惶恐，忍不住猜忌。比如，伴侣说他 / 她买的窗帘颜色有些不太搭，焦虑型人的防御策略便会立刻被激发，幼年时被忽略、抛弃、贬低的创伤瞬间被激活，大脑顷刻间会编出无数内心戏。

"我果然什么都做不好。"

"他对我不耐烦了。"

"她对我不再有热情了。"

"他又喜欢上了别人。"

……

他们的内心焦灼无比，会打"夺命连环电话"，恨不得立刻停下手里的工作飞到伴侣面前一探究竟。只要有机会就忍不住翻看伴侣手机，查找他/她对自己厌烦的蛛丝马迹，一旦发现和异性有过联系，立刻又紧张起来，认为一切都失去控制，在朝最糟糕的方向发展，"什么都完了"。继而开始责备自己，"都是因为自己不够好，没有足够的吸引力"，越想越糟糕，越想越难过，情绪崩溃，痛苦不已。于是步步紧逼，追问伴侣为什么和这个人暧昧，最近为什么没有每天准时下班，是否并不在意自己。当伴侣费尽九牛二虎之力解释清楚，找到各种证据、各路证人证明这些都是子虚乌有的猜忌时，矛盾暂时缓解。但焦虑型人仍不会罢休，他们要打破边界，时时刻刻都要和伴侣黏在一起，会用"既然你爱我，那就应该每天和我在一起""既然你是我的女友，就该时刻陪着我"等理由来**过度索取**，要求伴侣寸步不离，以便在短时间内得到安慰：他/她没有移情别恋，还是爱我的。但是伴侣却感到被控制，被围追堵截得透不过气来。

在《我想和你好好的》这部电影中，小明星喵喵和广告公司文案蒋亮亮相识于熙攘喧嚣的北京街头，两人迅速陷入爱河，但随着了解的深入，两人的感情亮起了红灯。亮亮号称对女性有“不主动，不拒绝，不负责”三大原则，而喵喵又极度缺乏安全感，对亮亮纯粹专一，甚至可以说是痴迷。在发现亮亮有许多前任后，她更加疑神疑鬼，无时无刻不在焦虑中。她会三更半夜不睡觉，逼问亮亮“你爱我吗”“你会一直爱我吗”；做了一系列超越边界的行为，查手机记录、消费账单，跟踪，安装摄像头等，甚至在亮亮不堪忍受提出分手时跳楼威胁，冲向车水马龙的公路上试图撞车自杀……喵喵患得患失，敏感多疑又黏人，亮亮则感觉被紧紧地抓住和控制，活得东躲西藏，最终二人以分手告终。喵喵因焦灼而产生的一系列自己也难以控制的行为，让亮亮离开了自己。喵喵哭着对亮亮说：“我控制不了我自己，其实我从第一天就知道我们会是这个结局。”如同大多数焦虑型人一样，喵喵同样陷入负面预期，依恋关系导致的不安把爱“作死”了，同时也验证了她对自己爱情的预言。因为爱，所以失去了爱。

过度倾注，失去自我

因为总是缺少安全感，担心自己不够好，担心伴侣会弃自己而去，为了增加掌控感，焦虑型人会把自己放低到尘埃里，没有自我，仰视伴侣，一切以伴侣的需求为最高指令，无论付出多大的代价——金钱、时间、身体，哪怕是生命，也就是大家常说的“恋爱脑”。焦虑型人容易被廉价的关心、虚伪的问候而感动，甚至被精神控制，不能自拔。

天才程序员赵丰，出身寒门，毕业后自主创业开发软件，年入千万，时年 36 岁仍然单身。牛欣主动加他微信，向他表白。牛欣身材火辣，相貌出众，硕士毕业。在赵丰眼里，牛欣太完美了，不仅学历高、长得漂亮，还很温柔体贴，主动到赵丰农村老家去看望赵丰家人，贤惠勤快，一点都不娇气，只是会提到别人的男友会为女友买房买车。尽管赵丰收入颇丰，但仍感觉自己配不上牛欣，担心牛欣随时会喜欢上其他男人，于是花尽心思来讨好她。刚认识十来天，就给牛欣买了一百多万的豪车，衣服、包包、鞋子、首饰更是不在话下，出去旅游一趟就在旅游城市为牛欣买了一栋价值千万的度假别墅。为了满足牛欣的物欲，赵丰花光了所有积蓄，而自己很是节俭，甚至不舍得打车，尽管如此，赵丰还是欠下了巨额债务，这段感情最终没有维系住，牛欣还是选择离开了他。

以赵丰的智商，应该最初就能识破牛欣的欺骗，但他太缺少安全感了，总认为是自己的错，轻易被牛欣精神控制。他太需要人陪伴，牛欣的索取在他看来是信任，牛欣的冷嘲热讽在他看来是爱，因为爱是伴随着疼痛的，他甘愿为她花尽心思、散尽家财，越是这样讨好，越是面临丧失和背叛。

在话剧《恋爱的犀牛》中，女主角明明的一段话很好阐释了焦虑型依恋者在恋爱中的过度付出：“只要他还能让我爱他，只要他不离开我，只要我还能忍受，他爱怎么折磨我就怎么折磨我。他可以欺骗我，可以贬低我，可以侮辱我，可以把我吊在空中，可以让我俯首帖耳，可以让我四肢着地，只要他有本事让我爱他。”焦虑型依恋者这些过度的付出，要么会被伴侣轻易控制，要么会成为伴侣眼中的枷锁，如不改变，他们的爱情大多会以失败而告终。

反复试探，不停求证

焦虑型依恋的人对自己的伴侣产生了一定的信任或依赖后，在关系里会表现出对亲密关系的过度要求，反复试探，努力寻求确定性，时不时地去确认伴侣“你爱我吗”，用各种莫名其妙的“作”来检验伴侣在关系里的情感投入程度。

在一档反映婚姻危机的旅行真人秀节目中，一位女嘉宾经常情绪崩溃，屡次与丈夫发生争执，一次又一次提出离婚，但每当一天节目录制结束，她在节目组提供的抉择卡上都是毫不犹豫地在“不离”上打钩。而这个抉择卡，夫妻之间是互相看不到的。

她严重“双标”，同一件事情，自己可以，丈夫不可以，弄得丈夫总是不知道该怎么办才好。她的本意并不是真的要离婚，而是不停求证丈夫“到底在不在意自己”“到底爱不爱自己”，试探丈夫对此的反应。当大家都兴高采烈地出游时，她不愿加入，落寞地独自泡脚；就餐时会因为一点小事发火，离席而去……她每次都需要丈夫来哄自己，希望丈夫能够通过这些意识到她的内心独白，“我生气了，你要加倍爱我”。她其实是把自己那些不安、害怕被抛弃、需要被关注和照顾的情绪，隐藏在了愤怒和焦虑之下。她自己也不知道她其实要的是安全感。她在用各种不经意的事去获取关注，验证丈夫对自己的爱。

这是焦虑型依恋者的另一典型特点，因为缺少安全感，需要事事有回应，如回应要不到，就会不停求证。他们还不想明说，不愿准确地表达自己的需求，而用愤怒，冷战，不回信息、电话等方式来获得伴侣关注。

焦虑型依恋者最后的撒手锏就是提分手。当然，看似决绝的分手，实则是试探，只是想得到伴侣的关注和关爱，如果伴侣真的答应了，他们会伤心欲绝。如果伴侣表现得紧张担心，认真哄自己，道歉、安慰、关心，行动上殷勤有加，他们就会感觉到被在乎、被爱，才会得到暂时的安全感。

给焦虑型人的爱情建议

看到这里，当你确认自己是焦虑型依恋者后，是否又开始高度焦虑了呢？焦虑型人的注意力完全放在伴侣身上，认为伴侣是完美的，自己配不上，害怕被抛弃，于是完全失去自我，依赖、黏人，盲目地自我牺牲、自我感动，情绪还会时不时大起大落，一直向伴侣索要承诺……那应该怎么办才能改变呢？

“那真是太糟糕了，我以后在恋爱中要改掉这些让伴侣感到不舒服的点，让自己看起来优秀、独立，才能找到优秀的对的另一半。”

“我不能表现得对爱太渴望，否则对方会把我看轻，对我不尊重。”

“我这样的人在亲密关系中注定是个悲剧，我还是不坑别人了吧。”

“我自己都不喜欢这样的自己，可我又控制不了自己，看来我是不适合谈恋爱了。”

“既然依恋类型与原生家庭有很大关系，从婴幼儿时期就开始形成了，我又有什么办法呢？”

……

你是否感到无奈、无力、无法改变，难道只能相互折磨、相爱相杀，或者干脆孤独终老？不，你可以改变你的依恋模式，越来越向安全型靠拢，你也可以充分利用自身高敏感的特质去创造独属于自己的成就。

接纳焦虑情绪，展示真实自我

焦虑型依恋者首先需要接纳自己，在寻爱的旅途中展现真实的自我。你就是焦虑的，就是需要依赖他人的，就是需要对方给你营造安全氛围的。如果你不接纳自己，自己也讨厌自己，把自己伪装成一个独立、认为爱只是个附属品的人，对喜欢的人“欲擒故纵”，从不主动联系，等着对方来约你，那就不妙了。因为这样的话，你吸引来的一定是个希望伴侣独立、给自我留足空间的人，往往就是焦虑型人的克星——疏离型人。而你的伪装只是暂时的，**亲密感和安全感才是你的核心需求，**而当你表达出这些时，疏离属性的人会立刻离你而去。

所以你要把最真实的自我展现出来，吸引那个愿意让你依赖，陪着你成长，当你需要一遍遍确认爱时，他/她也能一遍遍回应爱的伴侣，过滤掉那些不适合你的疏离型依恋者。只有体验到了安全的亲密关系，你的焦虑才会降低，才能品尝到爱的甘美。

云飞在一家国企上班，聪明、帅气、有才华，吸引了不少异性崇拜的目光，但云飞在恋爱中感受更多的是痛苦，两段恋情都以失败而告终。痛苦中云飞向心理咨询师求助，在咨询师的帮助下，他知道了问题的根源。他出身农村，姊妹三个，自幼生活窘迫。母亲患有精神分裂症，时不时会对他们打骂，父亲不堪重负，在他小学时离家出走，从此未再谋面，到现在也不知他在哪里、是否还活着。因为自幼缺少关爱，再加上被父亲抛弃，他的依恋模式是典型的焦虑型，这也让他找到了在工作时总处在焦虑中的原因。他总是担心事情没有做好，唯恐领导和同事不满意。尽管事实上他工作出色，文案做得漂亮，组织活动思考全面细致，每个环节都面面俱到，同事领导都对他表示赞赏，他依旧不相信，认为自己没有那么好，大家的表扬只是表面的客套。如果有一天工作量是稍轻松些的，他就会胡思乱想，感到自己是没有价值的，害怕被公司淘汰掉。

在恋爱中云飞也是如此，总感觉女友对自己不满意，自己总想做得好些、再好些，但还是感觉不够，感到女友随时都会移情别恋，离开自己，于是每天查证，步步紧逼，最终导致恋情夭折。

在心理咨询师的指导下，云飞开始接纳自己：自己是人不是神，不可能是完美的，自然会有缺点，有解决不了的问题，也会有做不好的时候。自己自幼缺爱，是需要有人来爱和包容的。当有不合理的想法和不恰当的行为、语言时，云飞也能及时意识到，此时他会问自己这样几个问题：

> 我这样想是符合事实的吗？
>
> 我做这些是要达到什么目的？
>
> 我真正想要的是什么？
>
> 如果我去逼问对方，不停试探和求证，结果是什么？
>
> 还有其他处理情绪的办法吗？

这样逐步来理解自己，云飞觉察到自己真正想要的是爱和关注，尝试用更加合理的想法替代不合理的想法，努力调节好情绪，停下破坏关系的行为。

当遇到彩霞时，彩霞的善解人意、包容大度让云飞怦然心动，他们很快进入热恋期。云飞和女友进行了一次真诚的沟通，把自己因家庭所导致的依恋模式、可能在某些时候容易出现的想法和不恰当的行为都告诉了女友。

“我给你发信息时，如果你没有秒回，我可能会胡思乱想，接下来可能会一个又一个电话骚扰你；我可能会一次次地向你确认你爱不爱我；我为你做的事，比如买的礼物，会担心你满不满意、喜不喜欢；我可能会有一系列我自己控制不住的想法和行为，这些都和我的成长过程有关系，你愿意接受这样的我吗？”

彩霞笑意盈盈，目光中满是温暖和爱意：“我知道，在我们没有确定关系前，就已经感受到了，放心吧，我们一起来面对，我会陪在你身边。我们一起商量解决的办法，当你说的这些发生时，我该如何回应你，你才会安心呢？我们都会越来越好。”

因为云飞对自我的接纳，对真实需求的感知，没有掩饰、伪装，吸引来了安全型温暖的彩霞，他们相互磨合，感情逐步升温，最终走入婚姻殿堂。

寻找安全型伴侣，建立稳定关系

云飞最终找到了彩霞，建立了稳固的亲密关系，这让云飞体验到：原来在亲密关系中可以不焦虑、不试探、情绪不走极端，这样的关系是如此温暖妥帖。曾几何时，他以为爱情就是要心神激荡、轰轰烈烈，惊心动魄、惊天动地才是赤诚真挚的爱情，情绪大起大落才是对方在意自己的表现。而疏离型依恋者最能给焦虑型依恋者这样的感觉，最开始他们会打造一个完美的形象，情绪稳定，好像无所不能。他们若即若离，忽冷忽热，这对焦虑型人有强烈的吸引力。当防御策略被激活，焦虑型人会无可救药地走向无私付出和自我牺牲，又一对相爱相杀的冤家诞生。

焦虑型依恋者要多接触和多了解他人，世界那么大，适合你的人有很多，而不是只此唯一的存在，不要因为一个目光、一句赞美的话、一个肢体接触就认定那就是你的真命天子或真命天女。你知道你自己，一旦动了心，很容易完美化对方，贬低自己的行为，甚至失去最起码的判断能力。多去参加各种活动，接触不同类型的人，多去尝试，多交往，你可选择的面就大得多，就能过滤掉不适合的人，提高找到安全型依恋者的概率。

扬扬是双一流大学硕士，在高校工作，有才华，有能力，谈吐优雅，但在寻爱的道路上屡屡遭受打击。她是典型的焦虑型依恋者，对爱和归属感的渴望会让她在恋爱中高度敏感，失去自我。在大家看来，她的男友小郑简直是“二十四孝”男友，可是大家越是这样说，扬扬越是不放心，怕小郑离开自己。小郑下班晚了，扬扬会怀疑他在跟别的女人约会；小郑要在外面应酬，扬扬要打好几个电话确认，并且要拍视频为证。她还在小郑不知道的情况下，偷看小郑的手机，更离谱的是，还删掉了小郑手机里所有看起来是女性的微信，担心他们联络多了日久生情。小郑气愤不已，和扬扬大吵一架，提出分手。扬扬死活不愿放手，一次次道歉，加倍关心小郑，但小郑感到没有了个人空间，越来越厌烦，对扬扬恶言恶语，甚至动起手来。

朋友们旁观者清，劝扬扬放手，并建议她多和适龄对象交往。当扬扬开始参加各种社会活动后，接触的人多了起来，再加上自己的反思觉察和较高的领悟力，她开始不再为小郑伤心焦虑。她面容姣好，身材窈窕，又在高校工作，吸引了很多人的目光，约会过的对象几乎都会对她很满意。扬扬不那么自怨自艾了，逐渐有了自信，看起来更加光彩照人。当然，如果两人关系再进一步，她的焦虑还会重来，如果有的人因此开始远离，扬扬也不再那么难过了，她知道他们不适合自己。对自己心仪的对象她也会慢慢来，不会那么着急进入亲密关系，而是逐步了解、观察，不再那么咄咄逼人地索求爱的承诺。一段时间以后，扬扬找到了她的安全型伴侣，能够理解她、包容她、陪着她一起慢慢减轻焦虑的小孙。她在小孙面前袒露真我，真诚地表达自己的需求，他们一起商量面对焦虑来临的处理办法，扬扬在这段安全的关系中，体会到了充分的安全感，感受到了爱与幸福。

相信自己值得被爱

焦虑型依恋者的焦虑源于自己错误的认知，认为自己不值得被爱。幼年时因为得不到养育者的爱，认定是因为自己不好，不值得被爱，所以一直在索求爱。这又是相悖的，求爱，又感觉自己不配得到爱。试问谁不值得被爱呢？**每个人在世间都是独一无二的，“不值得被爱”这个信念是个谬论。**只要能够换个角度想，转念之间，就能推翻这个论点。

日本电影《被嫌弃的松子的一生》中的女主人公松子原本有一份音乐教师的体面工作，但因学生阿龙之故，阴差阳错地被当成盗窃者而被开除，因感觉没有脸面面对家人，她选择离家出走。此后，松子经历了五段恋情，每段恋情都是曲折而又悲惨的。她的一生都在卑微求爱，同时又不相信会有人爱她，她体验到的是他人的忽视、欺骗、嘲讽、谩骂、侮辱、抛弃、暴力……还有希望的破灭、美好情感的割舍，于是她在乞求爱的路上献出了自己的身体、尊严甚至生命。如果松子会转念，就能意识到，有人曾真挚、坚定、持久地关心和关爱她，就不会是弟弟口中“无聊的一生”了，更不会发出“生而为人，我很抱歉”的悲叹。

其实，在松子不知道的地方，真的有人在深深地爱她。

父亲是爱松子的。松子和作家八女川彻也在一起时，因为生活窘迫，无奈向早已宣布断绝关系的家庭借钱，从弟弟口中得知，在她离家出走几个月后父亲就去世了。松子偷偷回家，看到了父亲的日记。原来，看似对松子漠不关心的父亲，一直在想念她、牵挂她，父亲在每页日记上的最后一句都会写上“联系松子”。只是妹妹久美久病卧榻，分去了父亲的大部分精力，在父亲看来，松子健康、活泼、懂事，无须操心就能生活得很好，但那不代表不爱，如果躺在病床上的是松子，父亲也会倾注同样的关心。父亲是爱松子的，那个让他忍俊不禁的鬼脸，就给他苦闷的生活增添了难得的轻松和宽慰。何况松子学习成绩优异，工作体面，在学生阿龙的事情没有发生之前，一切都那么阳光美好。只是父亲放在心底的爱和关心，没有传达给松子，幼小的松子理解不了，刻在心里的潜意识是自己不被爱的，这为松子悲哀的一生写下了注脚。

妹妹久美是深爱着松子的。即便松子嫉妒她、伤害她，久美依然爱着她，盼着姐姐能够回家，当松子和她分享恋爱的甜蜜时，久美也替松子高兴，露出了甜美的笑容。当看到久未回家的松子时，妹妹欣喜地喊道：“姐姐你回来了。”在松子看来，父亲的死或许和自己离家出走有关，自己也曾伤害过妹妹，妹妹应该是充满愤怒和怨恨的，妹妹的爱让她无比惊慌，仓皇间松子把久美推倒，夺门逃走。她被久美深沉的爱给震撼住了，不知如何承接这份厚重了，甚至不愿相信这份爱是真实存在的，她仍然飞蛾投火般地奔向作家八女川彻也，那个爱着她也伤害着她的人。让人唏嘘的是，松子从弟弟口中得知，妹妹久美最终的遗言是“姐姐，你回来了”。

阿龙对松子的爱是真挚的。少年时代，阿龙用伤害松子的方式来求得松子的关注。他偷了旅行社老板的钱，却嫁祸给松子，以致松子丢了工作，成为松子糟糕一生的导火索。成年以后步入黑道的阿龙怀着歉意找到松子，判刑入狱后，决定要和松子断绝关系，出狱后以伤害的方式让松子离开。这两次的表达，虽然都是因为爱，但都是病态的错误的方式，其中第二次让松子对人生彻底绝望，成为邻居眼里的“臭虫”。

但松子至死也不知道，其实阿龙一直深爱着她。随着年岁的增长，他终于懂得了应该如何去爱，他四处寻找松子的下落，想去赎罪。可惜终归晚了一步，他们终因死亡错过了。尽管如此，在松子悲叹“生而为人，我很抱歉”时，她却是他人的救赎。阿龙眼含热泪，满脸哀戚地哭号：“松子，就是我的上帝啊！”

所以，无论何时何地，当你以为世上没有人关心你、没有人爱你时，当你以为自己不值得被爱、被珍惜时，一定要相信，在你不知道的某个地方，一定有人在默默爱着你，把你捧在手里，放在心上，视如珍宝。即便你暂时没有想到，**请你一定记住，你是你自己的守护人，你要深爱你自己，好好地关爱你的内在小孩。**

你不用在任何一段关系里焦虑，不用委屈自己、牺牲自己、讨好他人，守好自己的边界。你若盛开，爱情这只蝴蝶自来。

丰富自我，与世界有更多连接

焦虑型人可以多进行探索，丰富自己内在的和外在的世界，拓宽和世界连接的深度、广度，转移对伴侣的过多关注。可以多投入些精力在事业上和喜欢的事情上，喜欢音乐的就去学、去听、去感受，喜欢健身的就定个目标办个卡，喜欢烘焙的就去买材料试验……世界如此广阔，那么多有意思的事可以让我们去探索、去解密、去尝试，这样就不会一直盯着伴侣的一举一动，不会那么高度敏感，只要对方没有秒回信息就能想到移情别恋。

扬扬在和小孙建立关系之后，她接受了以往几段恋情的教训，学会了成长。注意力不再只放到男友身上，自己在工作上也越来越用心，接了几个项目，很好地完成了项目的推广，受到了领导的认可，还拿到一笔不菲的奖金。她用这笔奖金请同事们聚餐、闺蜜们聚会，融洽了同事关系，放松了身心。工作之余，她报了瑜伽班，还拿到了瑜伽教练证；参加驴友会，了解哪些地方适合出游，外出旅行时需要带什么装备，如何能玩得尽兴，等等。扬扬的生活过得有滋有味、丰富多彩。

扬扬越来越自信，她把这些和小孙分享，告诉小孙工作取得了哪些成绩，领导是如何当众表示赞赏的，练习瑜伽时身心很宁静，参加驴友会了解了很多旅行信息，为假期的出行做好充足准备……

小孙为扬扬高兴，也为有这样的女友自豪。小孙还故意有些酸酸地说："我想和你吃个饭都要提前预约了。"扬扬笑倒在小孙怀里。他们相互激励，互相帮扶，在各自的工作岗位上都有不小的起色。

扬扬想，原来在恋爱时，也不能忘了自己，原来伴侣不会因此而抛弃自己，相反，小孙越来越爱自己了。自己成长了、充实了，爱情也是健康的、愉悦的。

所以，当你去探索更多未知的事物时，自己的圈子也会逐步扩大，见识也在增加，和世界的连接越来越多。如果和伴侣之间真的出现一些意外，也不会立刻陷入"我的人生彻底完了"这类糟糕至极的想法里不能自拔。这些连接也会成为你安全基地的一部分，为你解决问题提供缓冲的场所。在探索和连接的过程中，焦虑型人请记住：

第一，学会感受自己，感知自己的需求。焦虑型依恋者在关系中高度敏感，由此经常会产生各种问题，但同时也要意识到，这也是你的优势。心理治疗师伊丽斯·桑德（Ilse Sand）作为高敏感人群中的一员，在《高敏感是种天赋》一书中指出，敏感不是缺陷，而是上天赐给你的最特别的礼物。那些让人愉悦的信息，比如精美的艺术品、动听的音乐和鸟鸣、沁人心脾的花香、美味的食物或者壮丽的景色，都能带给敏感人群极大的快乐。不妨沉浸其中，让快乐填满自己。

把注意力放在自己身上，理解自己、接纳自己、满足自己。挑选自己喜欢的食物，去自己喜欢的地方放飞自我，买一件自己心仪的但不是生活必需的物品，与自己的内心产生更多的连接。

第二，学会感知他人，与朋友、家人进行更多的互动。练习想象自己被束缚、被控制，毫无个人空间时，是什么感受，从而推己及人，他人必定是不舒服的，甚至是窒息的、想挣脱的。在各种活动、共处中交流和碰撞，相激而生灵光，相荡而生涟漪，更加深刻地了解自我、悦纳自我。当感知到他人时，就不会感到孤单，能够加深对他人与世界的沟通和理解。

第三，培养和发展自己的兴趣爱好。如果有自己的兴趣爱好，有长期发展的领域，可以投身进去，专注培养，在这个过程中收获成长的快乐。焦虑型人通常观察力敏锐，见微知著，有丰富的内心情感世界，有较高的艺术天赋。因此，你可以通过培养自己的兴趣爱好，发挥高敏感的天赋优势，让自己有所成长。

调节情绪，停止内耗

焦虑型人需要做的是学会接纳自己，停止内耗。可以静下心来觉察和总结什么时候、什么地点、什么事情最易触发自己的敏感，思考和总结一旦因敏感而产生焦虑该如何应对。

《一念之转》的作者拜伦·凯蒂（Byron Katie）的**四句话问法**，能够快速帮助焦虑型人建立第三方视角。如果在亲密关系中你又因为敏感多疑而产生了高度焦虑，可以用手机或拿出一张纸写出以下几个问题并认真写出答案：

伴侣做了什么事让你不满？

你对他 / 她有什么怨言？

你认为他 / 她应该怎么做才能满足你的期待？

之后看着答案和自己对话：

第一，那是真的吗？

第二，你能百分百确定那是真的吗？

要认真思考回答，因为有时大脑会欺骗我们，问两遍是要让大脑的理性回归。接下来问第三个问题："当你有这个想法时，你会如何反应？"

比如扬扬曾经因为小孙在递给她剪刀时刀尖对着她而很是难过，她认为小孙不在乎她、不关心她，认为小孙应该把刀尖对着他自己，刀把朝向她。扬扬开始问自己："这是真的吗？这百分百是真的吗？"扬扬怀疑了自己的推测。接着，当她把"刀尖对着自己"等同于"男友不关心她"时，焦虑和悲哀的情绪喷薄而来，食不甘味，夜不能寐。

来到第四个问题："如果没有那个想法，你会怎样？"当扬扬回答这个问题时，笑意回到了她的脸上，小孙平时还是很细心的，对自己很是包容，他也解释当时没有注意到刀尖的问题。看，当把不符合事实的想象去除，焦虑就解除了。

当敏感引起的强烈的焦虑袭来，我们无法进入理性状态时，可以注重此时此刻。开始进行腹式呼吸，深深地吸气，缓缓地呼气，连续三次，如果集中不了注意力，可以在脑中给自己下达“吸”“呼”的指令，再睁开眼睛。用眼睛看周围，找出当下看到的五件物品，用手去触摸四个你能拿到或碰到的物品，用耳朵听三种不同的声音，用鼻子闻两种不同的味道，活动下脑袋，想一件关于你自己的好事情。

之后理性回归，继续四句问话。当情绪平复了之后，留给自己更多独处的时间和空间，允许生命留白，给自己以滋养和力量。请相信，你比你想象的更加坚强，更有力量。就像是一粒种子，给它生根发芽的时间，只要温度适宜，有阳光雨露，它会冲破黑暗，向阳成长。给自己的生命种子创造肥沃的土壤吧，它会开出属于它自己的美丽的花。

如何与焦虑型爱人相处

好的亲密关系的标准之一是“舒适”，焦虑型人因为缺乏安全感带来的患得患失，会让伴侣承受很大的精神压力，相处的感觉不是那么舒适、舒服。是否只要伴侣是焦虑型，你们的恋情最终的走向都是分道扬镳呢？答案当然是否定的，你只需多投入些包容与耐心，帮助伴侣逐步建立安全感，培养安全的依恋关系，你会收获比其他类型的伴侣更多的甜蜜、幸福且丰富的情感体验，也会更珍惜共同努力经营而得到的稳定的亲密关系，使之历久弥坚。

如果你属于安全型

如果你是安全型人，恭喜你，焦虑型伴侣会带给你自信，会照顾你的情绪，会事事以你为中心，会让你体会到被人信赖的自豪感。你是焦虑型依恋者的良配，而且无须牺牲自己做焦虑型依恋者的解药。在伴侣有觉察能力、有成长意愿的情况下，你们可以共同制订契约，共同成长。这个过程可能不会那么顺利，但注意以下几个问题有助于你们“避坑”：

第一，包容伴侣的“作”，不批判。例如，小孙就剪刀方向的问题对扬扬主动道歉：“是因为这样递剪刀让你不舒服了吗？我当时确实没注意，是我的问题。”包容焦虑型伴侣的敏感，不小题大做。

第二，及时反馈。如果实在太忙，可以向伴侣提前说明，如“我现在在开会，散会后给你电话”，倘若临时有急事，事后一定要及时解释。这样做，能给予焦虑型伴侣充分的安全感。

第三，多肯定、多赞扬，给伴侣信心。尤其是高敏感的伴侣在艺术、品味方面可能很有天赋，你可以在这些地方称赞对方，如“你这个创意真不错，咱们家变得漂亮、有特色了”。

第四，做一名好的倾听者。不给对方建议，不强加指导，适时点头表示“听到了，理解了”，适时拥抱表示“放心，有我在，我陪着你”。

第五，信守承诺，不要让伴侣猜疑。对于说出的话尽可能做到，重视诺言，减少对方的焦灼感。

当你的伴侣体会到安全以后，他 / 她的焦虑会逐步消失，会逐渐形成本真的、安全的、情绪稳定的自我，你们的爱情会越来越稳固。

如果你属于非安全型

如果你是疏离型人，你对焦虑型人来说，具有强大的吸引力，你们会相互吸引，一开始双方会显露出细致、关心、依赖与被依赖的一面，但经历过最初的美好之后，两人的相处就有些困难了，矛盾会逐渐显现，因为你需要个人空间和自由，而焦虑型人需要亲密和依赖。当然，一些情侣也会甘之如饴，因为过山车一样的感受很像是爱情的极甘与极苦。

如果你意识到两人因为依恋类型的不同导致对亲密感的需求不同，但是你仍然是爱着对方的，你愿意做出妥协，那么你就要先成长，成为安全型。你要意识到你所谓的独立、自由都是表面的，被爱和亲密才是你真正的需求。通过一系列的觉察、练习，你会越来越感受到相互依赖的幸福，感受到与人分享的愉悦。同时，疏离型人要学会让渡出些个人空间，尽量给焦虑型伴侣以亲近、亲密的体验，以安全型人为榜样，包容、迁就、妥协，创造属于你们两个人的幸福。

如果你是焦虑型人，你们会相爱相杀。你们有时会相互理解、相互奉献，理解对方的需要并及时回应，你们会黏在一起如胶似漆，浓度甜得化不开。但更多时候，因为同样需要爱和安全感，你们同样敏感多疑，会相互猜忌。当双方都索求安全感时，你们都不知如何互相给予对方，互相奉献也意味着事事需要控制，当双方都需要控制时，矛盾也就被激发了，而因为互相了解，知道说什么话、做什么事能刺激到对方，两人的冲突就会很激烈。所以，你要学会妥协，适当被对方控制，能够为对方提供情绪价值，陪伴伴侣共同成长。

如果你是兼有回避和焦虑性质的恐惧型依恋者，你和焦虑型人的爱情很有可能也会高开低走，在后期爆发许多矛盾。同样，和其他非安全型人一样，你需要适当成长，适当让步，给焦虑型人一定的安全感。

创造安全感是第一要义

无论你属于哪种依恋类型，在和焦虑型伴侣相处的过程中都要注意创造安全感。

我们以阿龙和松子为例，如果阿龙早一步找到松子，向她忏悔，松子一定会满怀感动。但有个现实的问题摆在眼前，松子已青春不再，没有了姣好的面容，苗条的身材，她肥胖臃肿，蓬头散发，又老又丑，过着“再也不信任何人，再也不爱任何人，再也不让别人介入我的人生”“什么都不干，就是吃东西、喝酒”的日子。她本就自尊低下、自我嫌弃，当阿龙怀揣圣经，无比虔诚地向她道歉、忏悔时，松子很可能会把阿龙更加完美化，更加嫌弃自己。阿龙要怎么做才能和松子在一起？在相处的过程中，要总结什么经验和教训，才能让焦虑型人重新被滋养、重新焕发活力？

第一，深刻了解伴侣。了解了松子的家庭和成长过程，阿龙就理解了松子为什么会一味放低自己，为什么会一直问“你爱我吗”，反复让他承诺“我和松子要永远在一起”。当深刻地了解伴侣之后，会更加疼惜和爱怜对方。

第二，给予伴侣表扬、赞赏，表达对方对自己的重要性。比如，阿龙可以对松子说：

> “当我还是个少年的时候，就被你强烈地吸引，你那么美丽、幽默、开朗，你在课堂上带着我们唱歌时，是我最愉快的时刻。”
>
> “当我被黑道追杀时，是你冒着生命危险给我送药，义无反顾地陪在我身边。你比我要勇敢、坚强，如果没有你，那时我可能就已经死掉了。”
>
> “当我被逼入死路，感觉毫无生还之力时，你都不离不弃，甚至愿意陪着我一起去死。松子，你就是我的上帝。”

类似这样真诚、有感而发、有事实依据的赞美和欣赏，多多益善，松子的心门会慢慢开启，热切地迎上阿龙。

第三，及时回应，创造安全基地。电影中当松子索要“爱和永远在一起”的承诺时，热恋期的阿龙还能同样热烈回应，但激情期过去以后，阿龙厌烦了，开始对松子拳打脚踢。松子之所以一直索要爱，是因为一直感觉自己不值得被爱，一直不相信有人爱她。每当这个时候，伴侣的回应很重要，尽量回应得比索求得多，从而帮助对方创造安全基地，减轻他们的焦虑，慢慢地他们就不会再不停地要承诺。

松子和阿龙可以约定好一个简单的手势，当食指、中指弯曲点两下，就表示“我永远爱你，我们永远在一起”。心领神会，无须多言。

阿龙可以每天晚上向松子说明第二天的行程，在工作的间隙想念和牵挂不在一起的松子。如果晚上要加班不能及时回家，要想办法报备，让松子放心。这样，伴侣的安全感会越来越充足，双方的关系也会越来越健康，相处起来也就越来越轻松。

第四，约定沟通时间，享受相互依赖。晚上下班后的时间，两人可以留出半个小时互相交流，问问彼此一天的工作和生活，可以是精神上的沟通，比如对哪本书的感悟、哪个社会热点的看法，也可以是看起来没有什么营养的东家长、西家短，越互相分享，两颗心的距离越近。

这个时间段很宝贵，相互的坦诚非常重要。松子可以平和地表述自己的担心和焦虑，如“今天我看到你和一个女同事聊天，我还是有点儿心慌，毕竟我现在又老又丑。”阿龙应该如何回应呢，是“你也太敏感了，你自己不累吗”类似的话吗？确实，焦虑型人就会这么敏感多疑，这样回复也无可厚非，但结果只能让伴侣更难过。要注意的是，她能说出来就已经鼓足了很大勇气，如果不说，憋在心里，就只是生闷气，你压根不知道发生了什么。所以说出来就是沟通和更进一步的机会。

阿龙可以拥抱松子表示理解，同时解释：“不是你想的那样，当时不是在聊天，是工作上有件事需要和她沟通，无人能够取代你，忘了吗，你是我的上帝。今天我买了你喜欢吃的那家寿司，尝尝味道怎么样。”这样传达出的是充沛的爱，松子也会回馈更多的爱。

第五，鼓励相扶，共同成长。阿龙可以鼓励松子走出家门，重拾理发技艺，为他人服务的同时体现自己的价值；发展出更多的朋友圈子，和世界有更多的连接。让她意识到亲密关系只是生活的一部分，不是人生的全部，还有很多有趣、有意义的事值得投入精力。

你也可以将自己工作中的困惑和伴侣分享，当对方给出建议时表示肯定和认可，之后给出反馈，比如：“这个办法很好，我试了，真的解决了我的问题。亲爱的，你怎么会那么有智慧啊。”

这样依赖同时被依赖的相亲相爱，才是亲密关系的意义所在。

第六，保持自我，亲密有间。松子的自我牺牲和奉献，同时也意味着她需要掌控两人的关系。作为伴侣不应也不能事事顺从，处处迁就，否则就会成为隐藏的“帮凶”，导致对方的问题得不到根本性的解决。不用担心会发生矛盾争吵，但在关系稳定时，要让焦虑型伴侣知道，争吵并不意味着要离开。争吵只是为了更多地了解，更好地去发现问题、解决问题，它是关系进一步发展的契机。没有不争吵的情侣和夫妻，如果有，那一定是疏远的。

如果你的焦虑型伴侣有跟踪、安装窃听器，甚至请私家侦探调查你等严重越界的行为，一定要及时阐明自己的态度，让伴侣知道你需要个人空间，对方要尊重你的隐私。当然，你要注意自己的说话方式，愤怒情绪上头的时候不要沟通，可以等调整好情绪以后，平和地向伴侣说出自己的想法：“你这么做我很不高兴，甚至是愤怒，说一下你为什么要这样做呢？”给对方解释的机会，而不是愤然离去。

比如，松子责怪阿龙晚回家，是不是对别的女人心有眷恋，阿龙可以很慎重严肃地表明：“我很不喜欢你这样乱猜测，我只是在工作，以后有什么事情都可以直接沟通，希望你尊重我。”

相互依赖，又亲密有间，独处时能够关照自我，共处时能够互相依赖、互相扶持，你们会成为大家羡慕的神仙眷侣。

拓展阅读

循环往复的 12 夜

如果我不爱你，我就不会思念你，我就不会妒忌你身边的异性，我也不会失去自信心和斗志，我更不会痛苦。如果我能不爱你，那该多好。

——张爱玲

珍妮和艾伦分手了。珍妮提的，艾伦爽快答应。珍妮陷入极度的痛苦中，几乎每天默默饮泣。好友为了安慰她，开免提给艾伦打骚扰电话，就是为了让珍妮听到艾伦的声音。

珍妮无时无刻不在思念艾伦，逛街的时候，经过便利店的时候，坐在街角的时候，抑制不住想要去找他的冲动。

“如果我现在去找他会怎样？”

“你会更难受。”

“为什么他要令我难受？”

“因为他不再喜欢你。”

以上是电影《12 夜》中的情节。20 多年过去了，越来越多的人看到这部电影，产生了强烈的共鸣，认为被导演偷窥了自己的生活，它被很多人评价为最写实的“爱情灾难片”。

其实，真实的健康的爱情并不是这般模样，大家不用惧怕走进爱情。不是因为在这个快节奏的社会，连恋爱都是“快餐式”，也不是因为爱情本身是个灾难，而是两位主角的爱情生病了。

12 夜，每一夜感情都在发生变化。

第 1 夜。珍妮生日宴，好友聚在一起庆祝，男友因为影楼工作忙没能到场，大家七嘴八舌，一个朋友用塔罗牌算出珍妮和男友的爱情相互之间有谎言，另一个说曾看到珍妮男友和一个漂亮的外国女子看午夜场。珍妮有些落寞，聚会结束后即和男友提出分手，理由是自己已经有了新欢。而新欢艾伦不过是闺蜜的男友，只是按闺蜜要求送自己回家，被她临时抓了来做戏。珍妮表面说“真的没有不开心”“变心的那个是我”，一边在那默默啜泣。艾伦陪着珍妮度过这个伤心的夜晚，两人产生了情愫。

第 2 夜。艾伦在便利店和女友分手。珍妮认为他们的缘分是命中注定的，每一环都恰到好处，没有早一秒也没有晚一秒，让他们一步步走到一起，他们坠入爱河，缠缠绵绵。

第 3~4 夜。男女主热恋，艾伦在工作时想的依然是珍妮，嘴角带笑。他们会在街头奔跑，会长时间煲电话粥，没有什么事情要讲，哪怕就是听对方鬼哭狼嚎样地唱歌。艾伦第二天就要出差，也要驱车几个小时飞奔去找女主，哪怕路上遇到警察检查、车胎爆掉，也要想尽办法去见那个心心念念的女孩，给她送份爱心早餐和一个暖暖的拥抱。哪怕两人互相揶揄外貌长相的缺点，也是情侣间的小情趣。他们眼里心里都是彼此，忘了身在何处。

第 5~6 夜。艾伦和珍妮开始了争吵和拉扯。他们发现很多观念上的不一致，比如一个放假想去旅行，一个想在家睡觉。艾伦介意珍妮的异性朋友，因为“男人的尊严，都放在女人的其他男人身上”，他希望她不要穿暴露的衣服，却不明说，只用“腿粗”“脸颊大”等各种理由贬低，让珍妮去换来换去，最后直到珍妮换上了一件闺蜜留下的可以遮得严严实实的衣服才满意。

第 7 夜。珍妮开始患得患失，她感觉艾伦总是以在忙工作为由不想见自己，他们通话的时间也越来越少。她一遍遍地打电话问“你爱不爱我？”“你想我吗？”“很想见你，你想不想见我？”“我上去找你吧”……她想见到他，但他并没来地铁口接她，她在地铁里数次往返，茫然惆怅。

艾伦看到珍妮的电话总会迟疑一下，接着会说“我在忙”，即使电脑屏幕上只是游戏的界面。

第 8 夜。珍妮失去自我，想尽办法对艾伦好。只是因为艾伦随口说了一句第二天要出差，电脑还在维修，她就在大晚上帮着去拿。因为打烊，她不顾别人脸色，想尽办法，在店门口的冷风中等了几个小时才拿到电脑。她带着好不容易拿到的电脑和为男友买的甚至细致到内衣的出差用品去找艾伦，却发现他正在和同事们有说有笑地准备去吃饭。艾伦拿到电脑和物品以后，不是感动，而是满脸厌烦，他大声说，“你为什么总要为我做那么多事？”“电脑可以让助理去拿，内衣可以自己去买”。珍妮说，“是不是我对你越好，你越嚣张”“我好辛苦”，艾伦说，“我也好辛苦”。两人分手。

第 9 夜。珍妮陷入失恋的痛苦，失魂落魄，向朋友倾诉，于是有了文章最开头的那段对话。

第 10 夜。2 个月后，珍妮在伦敦培训了 1 个月，修复了情伤，同时也感悟到了很多，她约艾伦见面，想要复合。她尽情倾吐心声，动情处眼泪簌簌滴落，镜头一转，艾伦却早已听得睡着。

第 11 夜。2 天后，短暂的复合与激情。

第 12 夜。2 个月后。珍妮事业有发展，要到夏威夷工作，艾伦准备休假一年陪她。珍妮到前男友处收拾物品，发现原来之前是个误会，所谓的“命中注定”原来只是自己的臆想，她对艾伦的执念瞬间放下。

珍妮在躲避艾伦的时候，偶遇阿杰，又一次初见欣喜，怦然心动，又一次“命中注定”，你侬我侬。12 夜重启，第 1 夜再现。

很多观众虽然感觉被电影击中，但有的情节不太明白，为什么会是这样的发展线。

电影只是男女主相识相爱的 12 夜，没有说明两人的成长轨迹。但从在感情中的表现来看，珍妮和艾伦，一个是典型的焦虑型依恋者，一个是典型的疏离型依恋者。一个需要事事有回应，时时有陪伴；一个需要享受个人的自由空间，看起来像是个敷衍感情，见一个爱一个的“渣男”。

像所有热恋中的情侣一样，他们也有短暂的浓得化不开的思念与甜蜜。但之后则是典型的“追—逃模式”。若不觉察，不改变，不成长，最终又是镜花水月一场空，陷入热恋、冷淡、猜忌、争吵、贬低、分手的 12 夜怪圈中。

越是痴缠黏人，越是被讨厌远离

女主珍妮一直在确认：“你想不想我？有多想？你爱不爱我？”

珍妮：“你在忙吗？” 艾伦：“嗯。”

珍妮：“还要忙多久？”艾伦：“还有一阵子。”

珍妮：“我很想见你。”艾伦：“不行还没忙完呢。”

珍妮：“你想不想我？”艾伦：“想。”

珍妮：“是不是厌了？”艾伦：“不是。”

她越来越感到不安，于是反复确认，在行为上对艾伦越来越好，好到失去自我和自尊，而这只不过是自我感动，珍妮的痴缠成为艾伦沉重的负担，他感到被束缚，没有自由和自我空间，哪怕已经到了珍妮家门口，接到她的电话以后，他如释重负地悄然离去。两人最终分手。

分手只是试探

因为电脑事件，珍妮发现艾伦和同事在一起更自在、放松，即使看到了来送电脑和物品的她，也不马上过来，而是要和同事一起去吃饭，让她自己回家。珍妮感受到对方的冷淡，提出了分手。但其实那只是试探，只是为了让男友关注她、挽留她，向她道歉，继续疼惜她，回到最初的日子。但艾伦就坡下驴，顺势撕扯掉让他透不过气的束缚。

关注自我，独立发光，是自我疗愈的开始

焦虑型人通过自己的成长、转变，是可以获得圆满的爱情的。影片中女主因为远离情伤的环境，在伦敦培训，职级晋升，有了更大的舞台，变得自信满满，于是男主的目光重新被女主吸引，有了激情的第 11 夜和在电话中表白“我爱你”的第 12 夜。女主熠熠发光，不再自怨自艾、黏人、焦虑，这也是男主之前嫌弃，后来又甘愿请一年长假陪女主到夏威夷工作的原因所在。

不过，影片为了让情节更跌宕起伏，更有戏剧张力，用“命中注定”来让女主忽然“抛弃”男主，另寻新欢，开始另一个循环。

每对恋人都在相识、相知、相爱、争吵、远离、复合中学会成长，真诚沟通、彼此珍惜，最终可以助你们走出 12 夜的怪圈，即使生活是一地鸡毛，你们依然拥有彼此，这就是爱。

第四章 疏离型依恋者的爱情

有人说，与疏离型依恋的人在一起，没有感情，只有博弈，甚至可以用上《孙子兵法》来解读；有人说前世上万次的回眸，都不想换来与疏离型人一次擦肩而过；还有人说，疏离型人最好别结婚，否则害人不浅……真正的疏离型人是什么样的呢？

案例

隔着一堵墙在恋爱

女主视角：我到底要不要分手？

小娟在北京有一份很体面的工作，收入也不错，在一次展会上小娟是项目总负责人，她果断、爽朗又雷厉风行的做事风格吸引了永翔。展会结束后永翔以后续工作沟通为由加了小娟的微信，之后开始主动追求小娟。一开始永翔对小娟挺好的，在追的过程中很是用心，会时不时地点奶茶、点外卖，每次都是提前备好约会地点和约会项目。两人的感情很快升温，由于两人在这座城市都是独身一人奋斗，举目无亲，很快就产生了惺惺相惜、抱团取暖之感。认识没多久，小娟就和永翔发生了关系，之后也确定了恋爱关系。但是小娟觉得这场恋爱谈得跟其他情侣的恋爱不一样。

确认关系后，永翔像是变了一个人，不像追她时那般热情，甚至有时候两三天都不发信息。而且，好像除了性生活，小娟和永翔其他时候很少会有肢体接触，逛街不会牵手，四下无人也不会牵手，更别谈拥抱、接吻了。有时小娟帮永翔整理衣领，永翔会一脸抗拒地推开小娟的手。在性生活里，永翔虽然能给小娟一些好的体验，但有时又会表现出冷漠的一面，大多都是直奔主题，没有太多前戏和后戏，结束之后，也没有依偎与拥抱……小娟很是困惑，担心永翔并不是真的爱自己，也许另外心有所属。但是她从永翔同事那儿了解到，永翔没别的女朋友，而且同事对永翔的为人处世评价还很不错，认为永翔是个很靠谱的人。这下，小娟更困惑了。

小娟想主动和永翔谈谈他们的感情，但永翔总是果断拒绝，甚至有时候还会玩消失，一直联系不上……永翔和小娟两人之间仿佛隔着一堵墙，他从不谈论自己的家庭；对未来也充满悲观，一直担心两个人在北京无法有个稳定的家。他在做任何决定时，也不会考虑小娟，总给小娟一种冷漠疏远的感觉。这些天，小娟一直在犹豫，到底要不要和永翔分手……

男主视角：谁能教教我，怎么和她相处？

永翔是北京某名校毕业的学生，毕业后留在北京。永翔在展会上第一次看到小娟，就被她吸引了。永翔觉得小娟能力很强，安排事情井井有条，在和自己沟通项目时，事无巨细，都能考虑到，尤其是小娟说话时虽然就事论事，有点一板一眼，但是一直在微笑，嘴间还露出来两颗小虎牙，非常可爱……小娟的种种表现都让永翔有种想恋爱、想得到对方的感觉，于是他主动加上小娟的微信，每天都给小娟发信息嘘寒问暖，还时不时地约小娟出去吃饭，策划浪漫的约会，可以说非常卖力地追小娟。

小娟本来也对永翔比较有好感，很快就被打动了。永翔很喜欢小娟，和小娟很快发生了关系，他认为频繁的性生活也是自己爱小娟的表现。每次过后，他觉得自己的所有都得到释放，习惯性地很快推开小娟，面对小娟想拥抱的要求，永翔总是很排斥，忍不住质疑：为什么还需要拥抱？这太麻烦了！面对小娟平时提出的逛街牵手、见面和分别时拥抱的要求，他也觉得没有必要，两个人干嘛要这么腻腻歪歪呢。小娟给他整理衣领的时候，他也觉得很不舒服，甚至下意识地推开了小娟的手。对于永翔来说，他理想的感情状态是两人有点距离感，彼此之间很自由。他想需要小娟的时候她就出现，不需要的时候两个人各自生活，不麻烦彼此，不干涉彼此。可是他在和小娟的实际相处过程中发现这几乎不可能。在正式成为男女朋友后，一开始对自己有点高冷的小娟变得越来越热情，甚至是黏人。小娟经常找自己聊天，约自己出去玩，还多次问到自己的家庭情况，永翔回想起自己被留守、被忽视的童年……选择了沉默。

最近，永翔发现小娟在看自己的手机，也从同事那儿得知小娟在打听自己是不是谈了别的女朋友，自己很是反感。这些日子小娟频频问永翔到底爱不爱自己，他发现自己有种被撕扯的感觉，不知道该怎么办。他只能确定自己是真正喜欢小娟的，这种喜欢的感觉是对其他异性没有的，但又发现自己好像不适合谈恋爱，觉得和小娟相处起来很累。

分析：熟悉的陌生人

永翔和小娟，好像是一对比较熟悉的陌生人，两人在隔着一堵墙谈恋爱。起初相互欣赏的两个人是怎么走到这一步的？起初是永翔主动追求的小娟，但他的喜欢只是一种生理上的激情之爱：我愿意与你发生性关系就是我喜欢你，就是在和你谈恋爱。永翔认为的恋爱是没有联结的，除非性的需要，其他时候可以不需要约会、不需要分享、不需要你侬我侬，彼此独自生活最好，更别提爱情中的承诺了。而小娟希望的是一种亲密又亲近的恋爱模式，永翔的冷漠又让两人之间无法进行深入沟通。如果小娟没有意识到，其实永翔一直深陷在自己的认知里，在此基础上来理解永翔；如果永翔没有觉察到自己对恋爱的错误认知而改变自己，两人必定只能分手。并且，这样的经历会对两人产生阴影，甚至他们再也不敢轻易谈恋爱。

疏离型人的爱情写真：享受孤独的“花花公子”

疏离型依恋者让人感到若即若离，他们往往在亲密关系中初期比后期投入的多得多，习惯在感情深入之前及时抽身，很容易被视为“渣男”“渣女”。疏离型依恋者在爱情中的表现具体如下：

初见深情，实则凉薄

疏离型依恋，疏离的是什么？是“关系”。疏离型依恋的人一开始总是热情似火。尚未确定恋爱关系时，有着慕强情结的他们，会在人群中有条件地寻寻觅觅，对方身上的某一个特点必然是异于常人，才能吸引到他们，比如对方能侃侃而谈，有独特的嗓音，有迷人的形象，有不错的品味等，甚至对方的一句嘲笑，都能让疏离型人有“哎哟，不错哦”的体验。接下来，他们会展开攻势，这个攻势虽猛，却可以用“火候刚刚好”来形容。他们天生敏感，所以能敏锐地捕捉到对方的需求；他们天生就注重边界，所以对方感觉到他们与自己相处时的尺度都在能接受的范围内，表现得彬彬有礼，温柔含蓄；他们从小就被要求做好孩子，所以他们在认识的初期看来简直就是一位近乎完美的恋爱对象……他们很容易给人一种恋爱感，然而当对方慢慢走进他/她的世界时，这种美好开始幻灭。

在表明愿意接受他们的喜欢之后，疏离型依恋者好像突然失去对伴侣的好感，开始刻意回避。渐渐地，他们对伴侣不如一开始的体贴，但也不会对伴侣有太多的要求和控制，比如，回复的消息越来越慢、不愿意肢体接触、推脱之下才同意偶尔约会等。他们不会向伴侣分享自己太多的故事，也很容易忽视伴侣的情感体验。他们很害怕比较黏人的伴侣，如果被要求时时刻刻在一起，这能立马把疏离型人吓得躲起来。他们不说原因也不提分手，只有行为上的渐渐疏远。

慢慢地，他们的生活“有你，可以”，“没你，好像也可以”。

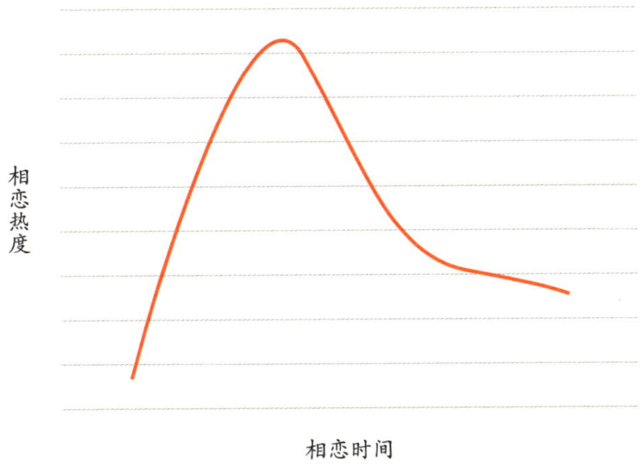

疏离型依恋者的恋爱曲线图

这样的爱情让他们的伴侣产生了过山车般的体验，忽冷忽热、忽高忽低，更令人难受的是，对于此，很多时候他们的伴侣却只能体验，连追问的机会都没有。他们还不会像其他依恋类型的人那样，有点摩擦可以发生争吵，在伴侣愤怒时、需要时、焦虑时，他们要么沉默，要么选择消失，美其名曰“我们就算恋爱了，也要有自己的空间”，要么开始贬低伴侣，将伴侣身上的小缺陷不断扩大，仿佛对方成了那个不可理喻的人。更让伴侣郁闷的是，疏离型人内心仿佛有一堵墙，无法弄清楚他们心里真正的想法，与他们的距离始终走不近。前后落差之大，好像做了一场梦一样，虽然双方都是主演，但最后却成了独角戏。

这种前后的落差反映了**疏离型依恋者的核心特点是疏远和冷漠，**他们对亲密关系并不在意甚至有些厌烦，无法真正地与伴侣亲近起来。

享受自由，喜欢独来独往

疏离型的人在一般人际交往中，也会表现得疏离与不卷入，他们少言、独立，信奉求人不如求己，跟谁都不会太亲近，他们甚至可以像温柔的绅士一般举止，但是让人不容易靠近。他们喜欢独来独往，倾向于专注在眼前的任务上，但在团体协作的任务中表现却欠佳；他们难以很好地谈论或表达自己的感受，他们会更乐于谈论具有知识性、思辨性的话题。情感的隔离能让他们客观看待事物，他们在遇到危机时能够不慌乱，有冷静出色的表现，也因为此，他们在现实生活中很有可能是一个成功的、努力的、有较高社会地位的人。

美兰和男友是在学生会认识的，他是学生会主席，各方面都很优秀，大家对他的评价很高。但是相处半年多，美兰发现男友在恋爱中和她并不亲密，他常常一个人去图书馆，一个人去吃饭，美兰总会去跟他重复或确认：我们是情侣，去图书馆、去自习室、去逛街、去食堂可以一起去。男友每次都答应了，可是很少能做到，也很少和美兰聊发生在他身上的事、他的父母，等等。有时候，美兰甚至只能通过男友舍友的转达才能知道他的行踪，舍友说美兰男友一直都是一个很独立、很自律的人，在宿舍也是独来独往的。美兰很希望自己和男友可以像其他情侣那样相互依赖、相互扶持，而不是这样熟悉的陌生人。

美兰的男友就是一名典型的疏离型依恋者。在日常工作中，这类人独立坚强，做事有目标，与同事、同学相处起来似乎游刃有余，这种高价值感也普遍存在于别人对他们的评价中；在生活中，他们习惯一个人，甚至有点“宅”，他们的生活中不需要朋友。假期闲暇，他们最大的要求可能就是“别来打扰我，我只想一个人待着”，这种强烈的边界感让他们十分安全。但是在亲密关系中，他们也依旧如此，他们不太能关注伴侣的感受，会认为伴侣应该像自己一样独立，总感觉伴侣的情感需求太多，甚至无理取闹。他们认为生活中还有许多重要的事情，不能让感情消耗这么多时间和精力，面对和伴侣吵架、分手等问题时，他们会习惯性地将注意力转到其他事情上，压抑自己在冲突中会感受到的丧失和痛苦。

内心落寞，向往完美的爱情

疏离型人不喜欢依赖别人，也不喜欢让他人依赖，有一种拒人于千里之外的高冷感。他们很难表达自己的内心世界，也不寻求他人的帮助，看似享受孤独，其实却害怕孤独，内心落寞。尽管他们不擅长亲密关系，但是他们又常常在寻觅爱人。在不少人看来，疏离型依恋的人是情场浪子，可以心安理得地在结束一段关系后，很快又爱上别人。然而，这也许并非真正的事实。

他们回避成自然，对他们来说，维持一段关系，需要展示真实的自己，其中所消耗的精力和忍受的煎熬，是难以承受的，所以比起现实，他们更愿意流连于想象中的罗曼蒂克。他们很容易天雷勾地火，与人一见钟情，感觉遇到了自己理想中的那个他 / 她，然后准备按照理想的爱情脚本去演绎。所以疏离型人给人一开始的恋爱体验是非常甜蜜的。但是，这仅仅限于一开始。一旦深入了解，这段感情就很难维系下去。

疏离型人习惯在自己的意识层面建构起对爱情的美好幻想。他们认为人与人之间的关系，是会被侵犯的，也是不安全的，可能短暂的恋情、游戏、二次元等才是永远能在他们掌控之下的存在。一些疏离型人还会在现任面前怀念曾经“白月光”般的前任。他们也渴望被爱，却不愿意直面自己的内心说出这份需求，因为倘若将自己的脆弱与无助展示在伴侣面前，这样的自我暴露无疑是灾难性的。他们过度在意自己的感受，一旦感到危险，必须立马重新回到自己一手打造的舒适圈，这个过程常常已经变成了一种自动化的思维，很多时候他们并不自知，甚至也没有人提醒过他们，毕竟他们和任何人都没有太深的交情。

疏离型依恋者在亲密关系中，很容易以失败告终，他们不会总结原因，分手场面也十分淡定，好像一个局外人。紧接着，他们又重新开始一段相同的高开低走的恋情。得到爱，难受；得不到爱，更难受。这就是他们！

给疏离型人的爱情建议

爱上一个人的感觉，像有了盔甲，也有了软肋，既有了坚定的依靠，又有了内心的柔软。作为疏离型人，想要更好地享受爱情，可以试着做一做以下几点：

理解自己的疏离

觉察是改变的第一步，知道自己是怎么形成这种依恋类型的，形成之后的模式如何影响着自己生活的方方面面，可以让疏离型依恋者更好地正视自己。

“幸福的人用童年治愈一生，不幸的人用一生治愈童年。”疏离型依恋的人，你们的童年也许受到过或大或小的创伤。当然，需要澄清的是，疏离型依恋并不是心理不健康，只是你们的历险从婴幼儿时期就已经开始，比其他人经历过更多的人生百态。请你先学着理解你自己，我们一起先来看看你的原生家庭：

或许你的父母并没有给予你足够的爱，你的童年过得并不幸福甚至压抑，你没有感受过书中所说的伟岸的父爱、轻柔的母爱；或许你的父母看上去很关心你，但是并没有关照你的情绪；或许你的父母不太会爱你，动辄采用内疚式的教育方式，偶尔来一句“白养你了”；或许你的父母从众于社会建构下的“乖孩子”，并一直努力把你打造成“好孩子”；或许别人家的孩子可以被父母抱一抱、举高高，而你的父母永远不会给你这些；或许你的父母易怒、酗酒、脾气差，而你好像只是他们的发泄口；或许你父母的教养方式是打骂，殴打作为肉体上的伤害，会让你恐惧，责骂作为精神上的伤害，带来的不仅是难听的话语，更是长久的自我反刍与怀疑；或许你不敢犯错，否则你会遭遇来自父母加倍的惩罚甚至抛弃，你变得敏感，变得追求完美；或许父母忽视你很久，小时候你还用过伤害自己的方式想让父母更关心你一点，没想到他们只是拿来几个创可贴；或许你的父母从不鼓励你表达情绪，让你小小年纪就要戴上“懂事”“稳重”“成熟”的枷锁；或许你从小就被身边人夸懂事、听话，这背后的苦水你不能倾诉，因为那样你就不懂事、不听话了；或许你想和同学出去玩、看会儿电视、玩会儿游戏、学个街舞等，你发现无论你想做什么，你的父母都不会支持你，只让你学习，你好像变成了一个流水线的机器，你再也不会向父母提出任何要求；或许你在小时候还能大声哭过，后来被灌输“只有弱者才会哭”，渐渐地，你只能无声地哭，甚至你发现自己好像已经哭不出来了；或许你的父母可以给你优渥的生活条件，但给不了你更多的关心和温暖；或许你曾被霸凌、曾被情感操纵（PUA）、曾在外受尽委屈，你以为回到家会有爸爸妈妈为你撑腰，可他们冷漠得让你一度怀疑你自己；或许你是个女孩子，你还有个哥哥或弟弟，在重男轻女的陋习下，你出生的使命就是照顾家人，你一出生就注定被忽视；或许小时候的你就想把自己剥离出去，想离开这个家，回归现实后，你发现根本做不到，因为你已经是“他的谁”或“她的谁”，这些头衔成了禁锢你的枷锁；或许你是留守儿童，家里经济条件不好，每年只回一次家的父母，根本无法给予你安全感；或许你曾经历过重要的亲人离世，未处理的哀伤让你没有机会好好哀悼，此时的你孤立无援，你害怕身边重要的人再次离开，只能筑起厚厚的盔甲让自己看上去很坚强……或许这里面就有你的童年。

慢慢地，你习惯了，你发现所有美好的事物似乎总和自己没关系，你开始疏远父母、疏远身边人，也开始用理性置换真实感受，你看上去没有了少年感，你的眼睛里没有了光，你认同并复刻父母的样子：冷漠、没有同理心、难以接近……你把自己的内在小孩埋藏起来了，曾经弱小的你这样保护了自己，也许现在的你已经有能力尝试新的应对方式。

心理学家艾里希·弗洛姆（Erich Fromm）说：“爱不是与生俱来的本领，而是需要通过后天习得的能力。”所以，小时候形成的疏离型依恋，不是你的错，很可能你的父母也有无法缝补的创伤，他们的原生家庭或许也是支离破碎。你很想去爱别人，可从小到大，没人教过你怎么爱别人，你怎么去模仿？你很想接受别人的爱，可从小到大，没人给过你这样的爱，你怎么去识别？

第一章中提到过，成人伴侣之间的情感纽带和婴儿与主要养育者之间的情感联结，都是依恋的表现。在一定程度上，亲密关系是童年的轮回，恋爱中的关系与生命早期的关系是平行的，早期你对父母的全能幻想都投射到亲密关系中，你已经在自己的世界里建构起强大的自我（但都只是你自己的想象），所以才使得你看上去那么独立。这副独立的人格面具你戴着很舒服，所以很多事情你都自己解决，当你处于亲密关系中时，你还在尝试自己解决问题，不想依赖与被依赖。你的独立在伴侣面前似乎变成了冷漠、逃离、消失，等等。想善意提醒你：真正的独立是什么样的？你的独立，是真正的独立吗？**理解了自己，是与自己和解的第一步。**

接纳自己的成长史

通过觉察和内省，我们可以了解真实的自己，抚慰曾经受伤的内在小孩。当我们撕开曾经的伤口，做好准备觉察我们自己时，会有一些动力性心理力量阻止我们，这很有可能是潜意识的部分，此时你需要和一位心理咨询师聊聊它们为什么在这个时候出现，如何让这股力量消失，等等。

当然，疗愈疏离型依恋的药引子，就在你自己身上，旁人只能引导与辅助，那个很重很坚实的盔甲是在你历经重重苦难后，慢慢打造而成的，这副盔甲有一些特征：它具有特异性，是你在成长过程中慢慢穿戴、细细打磨而成的，是只属于你的量身定制；它具有广泛性，处理人际中的摩擦时，你发现它已经弥散到你应对的所有客体关系中；它具有功能性，你会发现它的存在甚至可能是你做事成败的因素之一；它还具有稳定性，有时你觉察到在亲密关系中的自己是逃避的、是消极的、是没有安全感的、是敏感多疑的……你发现自己是这样的，却无法改变，你只能束手无策，对自己失望。

依恋关系没有好坏之分，也没有健康与病理之分，疏离型人切勿标签化自己。疏离型依恋只是你找到的在世间的生存法则，你的目的很单纯，只是为了保护自己，仅此而已。所以你不需要治愈，你只需要把自己放在阳光下，好好爱你自己。

怎么爱自己呢？心理学家卡尔·荣格（Carl Gustav Jung）曾经说过：只有当人能够觉察到自己的内心深处时，他的视野才会变得清晰。不用只专注外在行动的改变，那种行动之后的内耗会很快让你倦怠，甚至你会发现，你又把自己弄丢了。

你可尝试书写自己的“成长史”，觉察自己，就好像在用第三只眼记录自己的故事。成长史的书写可以从有记忆开始，可以从你了解到的家族记忆开始，也可以从你知晓的关于你的父母辈及祖父母辈的故事开始。成长史的完成没有时间限制，你想到的任何点都可以记下，你还可以代入一些思考：

> 成长至今，你的哪些特质使你比别人更优秀？
>
> 你曾经做过哪些关键性的抉择，影响了现在的你？
>
> 你走过的这些年，一直坚守未曾改变的初心是什么？

你最想改变自己的有哪些？一直以来，你很想感谢自己的是什么？

你最想回到过往生命里的哪段时光？

……

你还可以记录你此刻的感受，你是开心的、难受的、窒息的、幸福的、悲伤的，还是其他的某种情绪；你还可以记录现在的你会怎么看待当年发生的事件；你还可以给每个事件起个名字，总结过去发生的种种。

别着急写完自己的成长史，过去几十年的荆棘坎坷塑成的你，改变不可能只发生在一朝一夕。这没有截止日期，请给自己多一点时间，代入一点点分析与思考。你可以就过去某个点紧握不放，细细揣摩；你也可以静止不动，和过去的你自己说会儿话，抚慰一下那个曾经的你。你会发现，你感受到了未曾感受过的自己，心疼自己千疮百孔下的脆弱，你也开始肯定自己的价值，你发现你的生命原本很轻很薄，在你的书写下变得丰厚且有弹性了。

找到和稳固你的安全基地

鲍尔比提出了依恋理论的核心概念是“安全基地”，他认为，安全基地是个体发挥最佳功能和维持心理健康的必备条件。安全基地是一个稳定的存在，他可以是你的养育者，可以是你的恩师，可以是你的好友，可以是你的爱人，可以是你的心理咨询师……他对于你来说是稳定的、是欣赏你的、是能倾听你的、能共情你的、能无条件积极接纳你的存在。即使他不在你身边，你也有向前拼搏的胆量与底气，因为潜意识里你知道，其实他已经存在于你心里。

疏离型依恋者一直习惯孤独，享受孤独，当疏离型的你遇见了或准备遇见合适的另一半时，**请允许你的伴侣成为你的“安全基地”。**请相信：能与你共进退的伴侣绝对欣赏你的某一面，因为这样才能与你建立亲密关系；你的伴侣也一定看到你最真实的一面，才能与你一直保持亲密关系，对方能接受真实的你，能包容敏感与脆弱的你，他 / 她就是独属于你的一块安全基地。和你一起经营这段恋情，你的伴侣会有些辛苦。你的内心固若壁垒，对方百般努力可能还没能走进你的内心；你抗拒亲密，对方会知道你只是还没有适应这份关系；你需要边界，对方总是能适度进退；你没办法说出需求，对方给的总是你需要的；你无法付出，对方了解你只是不知道怎么付出；你时不时会有负能量，对方会愿意静静地听你倾诉所有；你总是慕强，对方可以一直保持着自己的竞争力；你总害怕承诺，对方会主动给你承诺，给你安全感……

好的爱情会让双方成长。相信你的伴侣知道你本质善良，没有恶意，会像母亲那样滋养着你，给予你曾经缺失的爱，让你的内心慢慢充盈。不过，好像一直都是对方在付出。**若想稳固安全基地，作为疏离型依恋者的你也需要走出自己的舒适区，做出一些改变。**漫威英雄中的钢铁侠托尼·斯塔克就是典型的疏离型依恋者，他着于表达任何形式的情感，倾向于待在缺少情感连接的舒适区，所以与小辣椒的感情线一直不明显。但小辣椒一直都是托尼的安全基地和坚实后盾，正是因为她不离不弃的陪伴和支持，才逐渐感化托尼那颗钢铁般的心，他在危难时刻对小辣椒真诚示弱，之后对小辣椒也有了行动上的重大转变，主动给小辣椒买了礼物，主动说“我需要你”，开始变得有人情味。

作为疏离型人，你需要对这段感情付出精力、付出信任，请相信你自己的择偶标准与相处的感受，相信对方值得你去依赖。你可以和伴侣聊你过去的生命故事，让对方慢慢深入地了解你的童年遭遇，理解现在的你在爱情中的种种行为表现并非出自本意；你可以和伴侣分享每日见闻，其实谈恋爱本该如此，有任何新鲜的事儿都会想第一时间分享给对方；你可以多向对方表达爱意，可以用最简单也最直接的方式告诉对方“我爱你”，也可以在生活细节上多多体贴与关心对方……

将自己真实地展现在伴侣面前，学会在亲密关系中依赖与被依赖，你需要很大的勇气，请勇敢一点！当有一天你发现，你很坚定地爱着某一个人时，你的一切都慢慢变好了。

如何与疏离型爱人相处

如果你的爱人是疏离型依恋者，我想先真诚地安慰你：你辛苦了！对于这份亲密关系，你一定付出了很大的努力与牺牲，我想你一定还是一位非常善解人意、非常有同理心的人，你也一定非常喜欢你的伴侣。很多时候，你很委屈，可你的伴侣却不理解你；你需要陪伴，可你的伴侣却又一次无缘无故地“消失”了……当你发现你爱的是疏离型人时，你可能需要先辨别对方是不是真的爱你，一个真正爱你的伴侣是不会让你等太久的，即使他/她是疏离型人。如果你是焦虑型依恋者或是恐惧型依恋者，你需要更爱自己一点，理性审视这份感情；如果你就是疏离型依恋者，希望前面的内容对你能有所启发；如果你是安全型依恋者，可能需要你做一个引导者。

当你确信对方是真正爱你之后，希望下文可以帮到你一点点。

相爱期约法三章

“事先都说好，事后才不恼。”恋爱中，约法三章是一种对双方都负责任的表现，你爱你的伴侣，你更需要关怀你自己。当你发现对方是疏离型依恋者时，真正的闯关就开始了，在闯关中有人分手了，有人抑郁了，有人需要心理咨询了，有人甚至对恋爱都恐惧了……所以，你需要更爱你自己，才能有坚定的信念，才能更好地爱你的伴侣。在此，想给你一个小建议：与你的伴侣约法三章，并保持经常沟通。这就像亲密关系有了保障，你们有了共同的财产一样，很重要！

亲密关系是一个互相成就、相互成长的过程，你们需要一份独属于你们两个人的协议，这份协议是私人订制且独一无二的，仅针对疏离型依恋的伴侣，建议你们的条款里可以包含以下内容：

第一，约定暗号。由于童年经历和成长过程的长期压抑以及恶性循环，疏离型依恋的人很害怕边界被侵犯，他们的边界感很清晰，就像高压线一样，一旦触碰到，就会感受到矛盾与压抑，会竖起全身利刺准备抵御，接下来就表现出冷漠、断联，他们好像把自己藏了起来，以维持表面的平和。所以，你们可以制订边界协议，双方约定好一个暗号（比如一个固定的表情或一句话），当彼此感觉到在这段关系中有任何不舒服的时候，就发出暗号，让双方先冷静下来。有这个暗号的存在，至少可以保证你们的关系是稳定的，在此前提下，这段时间你们暂时相互不打扰，等对方好些了，其实很有可能是对方内心经过拉扯之后已经有了答案，此时，你们可以再好好聊聊。

第二，经常谈心。谈恋爱，谈恋爱，不谈怎么爱？不过疏离型依恋的人需要有自己独立的空间，所以建议你们的谈心频率慢慢增加，可以从每周固定的时间逐步发展成每天固定的时间。谈心的内容就像平时聊天那样，不需要正儿八经，也不需要定下主题，不要逼迫对方说什么，即使分享偷听来的八卦，甚至是一份漫长的沉默，都是独属于你们的空间。这个空间必须是安全的，因为疏离型人很难完全听进去对方的建议，即使是你很温和、委婉地表达。建议你们事先约定相互接纳，而不相互评价、不相互否定；这个空间还得是固定的，恋爱中时不时会出现一些小矛盾，即使谈心时间段你们处在冷战中，谈心也必须正常进行，像仪式一般，保证有固定的时间来沉浸彼此。

第三，直面问题。亲密关系中总会出现摩擦，对于问题视而不见的后果就是，双方可能永远意识不到自己的问题。亲密关系中，如果疏离型伴侣的确是真诚地爱你的，如果你们之间遇到矛盾，这时候千万不要着急翻篇，也无须惯着对方，但不要直接发生争吵，可以等双方都冷静之后，再去主动发起话题。例如，你可以说，“我觉得我们之间的感情因为某件事出现了一点问题，我们需要一起来面对”“这件事情中，我有哪些做得不对，你有哪些做得很好，可你也有哪些做得不太好……”感情中发生的很多矛盾与摩擦都有类似的缘由，可能是你的原因，也可能是对方的原因，因此在你们确认相爱时，记住，每次发生争执或冷战时一定不能搁置。面对疏离型伴侣，这也是你对待这份感情的担当，你没有抛弃对方，也没有像对方一样逃避，你们一起直面问题的态度，已经是你们正在共同经营这段感情的证明了。所以，这条一定要在你们的协议之中。

伴侣应该“如你所是”，而非“如你所愿”。爱一个人，不是改造成你喜欢的样子，而是接纳他 / 她所有的样子，即使对方有些部分并不完美，但和他 / 她在一起时，你的总体感受是舒服的。在这个认知前提下，你会发现疏离型伴侣在慢慢地对你敞开心扉，你也会更坚定。

先不谈未来，活在当下

与疏离型人谈未来，确实会有一些受挫。他们很有可能小时候就在家人构建的“美好未来”的框架里，要做“好孩子”“乖孩子”，过去的痛苦已经预判了未来，未来对他们来说是失控的、恐惧的。倘若你和对方之间彼此了解得还不深入，谈未来会是一种束缚。对他们来说，他们还没从童年阴影中走出来，又即将在另一个人构建的美好未来中活着，这种恐惧感再次袭来时，他们只会通过消失或回避来处理。所以，不要着急，先握紧对方的手，不要放开，等相处较长时间后，你们相互了解透彻时再考虑未来。你们在一起更多地好好感受彼此的心意，同时，你还得潜移默化地帮助伴侣了解，疏离型依恋的形成并不是他 / 她的问题。

疏离型人在情感中的表现并不是十恶不赦。作为伴侣，你可以回忆一下，当你觉察到你的伴侣是疏离型依恋者之后，每次和另一半发生矛盾时，你有没有把原因归咎于对方是疏离型？可能事实上并非如此。亲密关系不是线性的发展，无论哪种依恋类型，在爱情中都会出现大大小小的摩擦，即使是两个安全型依恋的人在一起，也会因为鸡毛蒜皮的事发生争吵。有时，爱情中发生的种种就是杂乱的、不可理喻的、意料之外的。爱情里发生的很多事情，都是双向的、相互的。疏离型依恋的人只是一位心灵深处有过缺失的孩子，那块缺失的部分因为你的出现，很有可能慢慢在填满，换句话说，你可以淡化对方的疏离，你可以让爱人坚定你们的关系、坚定爱情甚至坚定未来。所以不要让“疏离型依恋”这个概念影响你的判断。

感受当下彼此的情意，在爱情的滋润下，对方很有可能会因为你的付出改变了，你也会因为对方的改变变得更从容了，你们一起成长，最终找到了最适合你们的相处方式。

好好爱自己

有一句谚语：爱人先爱己。你爱自己的样子就会是别人爱你的样子。所以，当你发现自己好像爱上疏离型人时，千万别把自己丢了，务必要保证你的情绪是相对稳定的。因为如果你的情绪发生波动，你的疏离型伴侣大概率不会成为你的倾诉对象，你可能需要找到你的支持资源聊一聊。但如果你在和疏离型伴侣的相处过程中始终感到不开心，感到自己的情感需求从来都没有得到回应和重视，分开也许是一个好的选择。

波杰克与卡洛琳是热门美剧《马男波杰克》（拓展阅读中会详细

介绍）的男女主角，其中，波杰克是一名典型的疏离型依恋者，卡洛琳作为波杰克的经纪人与他相爱 25 年，这 25 年里经历了无数次分分合合。波杰克在生活、工作中享受着卡洛琳的好，却不想负责任。他习惯于一需要卡洛琳时就向她求助，甚至剧中当他向其他女性表白失败时，也来卡洛琳这儿求复合。而卡洛琳对波杰克的爱似乎是没有底线的，她可以无视波杰克与异性暧昧，可以容忍波杰克突然消失，可以承受日常生活从无惊喜只有惊吓，可以做到波杰克呼之即来，挥之即走，可以为波杰克摆平几乎所有事，可以不要承诺地做波杰克的女友整整 25 年……终于卡洛琳醒悟过来，她目光异常坚定地说："一直让自己坠入爱河，但总是心碎而归，从现在开始，我就是一个铁石心肠的工作狂！去工作，要做得精彩，不要把时间浪费在花里胡哨的不切实际的事情中。"她逐一拒绝了波杰克的需要，决定和波杰克彻底划清界限，包括不再担任波杰克的经纪人。在此之后，卡洛琳收养了宝宝，事业上蒸蒸日上，也找到了真正爱自己的伴侣。

有人说：疏离型依恋的人就像《哈利·波特》中披着斗篷的摄魂怪，摄魂怪的感情是混乱的，他没有共情能力，除了大脑和心脏工作，其他什么都没有了，他不会注意到别人的感觉，自顾自地活着，如行尸走肉一般。爱上疏离型人，可能需要像卡洛琳一样有一颗很强大的心脏，有平衡生活、事业和感情的能力，有一种无所畏惧、不求回报的奉献精神，但爱上波杰克的卡洛琳还是在长期的纠缠中把自己丢了，耗竭了自己所有的美好品格，把完整的自己肢解得支离破碎。卡洛琳最终选择处理这段恋情的方式是心灰意冷地离开波杰克，重新爱自己、做自己，做自己想做的事情，好好地发展事业、提升自己，也遇到了真心不再错付的爱情。

所以，当你发现你的疏离型伴侣在不停地消耗你的内在时，请慎重考虑这段感情是否有必要与他 / 她维持下去。如果没有，果断放手；如果你还在留恋，请务必寻找支持资源的帮助，比如你的朋友、亲戚、父母、心理咨询师，等等。**始终牢记：爱自己是幸福快乐的起点。**

拓展阅读

《马男波杰克》里有你吗

这部剧有多火？拥有一大批名为“爱马士”的粉丝，全剧 6 季的豆瓣评分都在 9 分以上。有人认为：这部剧是现实世界的投射，不再强喂心灵鸡汤，很多“槽点”背后都有可以触动心灵的地方。引用剧中一段话开启对主人公马男波杰克的分析：“在这个世界上很难有人去了解一个人，除非是因为爱。”

波杰克因为曾演过风靡一时的《胡闹的小马》而出名，可是停播之后的 18 年里他一事无成，是一名典型的疏离型依恋者。

波杰克的童年

在父亲的稀里糊涂或是母亲童年缺失的影响下，波杰克出生了。出生之后的波杰克也曾感受过父亲的慈爱与母亲的期待。但贫贱夫妻百事哀，父亲巴特斯科奇热爱写作，却始终没能发表作品，又好面子不愿去妻子碧翠丝父亲的公司上班，从小生活优渥的母亲积攒的怒气终于爆发。当波杰克在摇篮中大哭时，父母在吵架；波杰克在玩时，父母在吵架……父亲有尊严，母亲有傲气，谁都不退让的夫妻关系如同破镜无法重圆。父亲最终进入了岳父的公司上班，有钱之后的巴特斯科奇“渣男”本性彻底释放，还和家里的女佣生下了霍莉霍特——波杰克同父异母的妹妹。母亲时常看着年幼的波杰克说，“要不是因为你，我能活得很好”“如果不是你，我们就离婚了”“你还真不值得我当初坚持生下你”“我当初可漂亮了，要不是生下你，我的身材也不会变形”……母亲将自己所有的不幸都归到波杰克身上，认为是波杰克毁了自己的一生。

波杰克曾经回忆与父亲相处的场景：父亲听唱片时，常常让波杰克陪着他哭；父亲让自己盖树屋，可是在波杰克去夏令营的时候父亲又把树屋拆了，只是因为用的钉子不对；小时候因为撞见父亲的办公室恋情，被父亲灌酒以防告诉母亲……不合格的父母永远不知道自己脱口而出的话与未履约的行为对孩子造成的伤害有多深。

成长在如此破碎的家庭中，波杰克始终没有稳定的客体，他自卑、自我怀疑，尽管很努力地在母亲面前谈论自己的梦想，还是无法得到母亲的一丁点支持与认可，更多的是被打压与嘲笑。长大后的波杰克复刻了父母的种种行为：敏感、“渣”、刻薄、“毒舌”、愤世嫉俗、无法共情别人、无法拥有持久的关系……每当波杰克孤独一人时，他很落寞，好像凋零一般，他也渴望爱，更渴望被爱，只不过曾经的经历让他不懂怎么给予爱，怎么接受爱。

波杰克在友情中的疏离型依恋表现

波杰克与陶德

陶德阳光乐观，随性自由。他年龄不大，却履历丰富，他做过摇滚、参与过拍摄、建造过一个儿童乐园、任职过副总裁、还帮卡洛琳带孩子……他乐于尝试各行各业，待人热情大方，和波杰克相处了很长时间。

> 场景一：陶德在波杰克家住了5年，无论波杰克怎样大吼大叫，陶德一直没有走，在波杰克家里，陶德似乎是一个需要时必须在，不需要时得立马消失的存在，陶德得做家务、帮忙开派对，却只能睡沙发，还一直被波杰克冷嘲热讽。在很多人聚餐时，陶德有点委屈地说："波杰克说得没错，我就是一个废柴，没工作、没前途……"波杰克很得意地回道："这句话只要说得足够多，陶德自己都会接受的。"

分析：波杰克答应留住陶德，有一部分原因是维持自身的优越感。毕竟被继母赶出家的陶德无处可去时，是波杰克收留他，陶德对波杰克还是很信任的，这使得波杰克内心的自我形象也瞬间高大起来。波杰克对陶德的态度似乎也认同了父母对自己的评价："一句话只要说得足够多，他自己都会接受的。"波杰克身上所有疏离型依恋的表现无一不是认同了父母对自己的评价。还有一部分很重要的原因是，波杰克内心十分害怕孤独。

> 场景二：波杰克帮助陶德创作摇滚音乐，事实证明，陶德是一个很有天赋的孩子，最后真的成功了，波杰克很友善地对陶德说："你很快就可以靠音乐出人头地了。"接着波杰克动用关系，热情地帮助陶德找到音乐剧专家试听，专家给了陶德很高的评价，也愿意给机会投资，陶德华丽逆袭。陶德很激动地跑到波杰克面前说："如果我成功了，我就能搬走了。"此时，波杰克结巴地说："你要搬走吗？"他一脸不知所措的样子，脑海里浮现着多年前自己一个人生活的画面。于是，波杰克处心积虑地找到高中时陶德沉迷的游戏，制造了很多"巧合"的场景，让陶德再度沉迷于游戏。可想而知，陶德失去了获得被投资的机会。甚至波杰克一点面子都没留给专家，现场大骂摇滚领域的专家，这也彻底断了陶德的摇滚音乐之路。

分析：这个场景让很多人都认为波杰克十分可怕，试想如果身边真的有这样的朋友，得有多无助。不过细想，波杰克出现这些"谜之操作"的转折点正是陶德的那句"如果我成功了，我就能搬走了"。疏离型人十分担心自己构建的安全空间被侵犯，陶德是一位不会触碰到波杰克隐私的人，与这样的人生活在一起，波杰克很安全，再加上陶德一无所有，波杰克可以从陶德那里得到沉寂了 18 年的来自外界的认可，他习惯于从陶德身上找成就感，习惯于掌控陶德的一切，如果陶德真的离开，波杰克的精神世界将变得空落落的。

波杰克与黛安

黛安有才华、很优秀，同理心强，可以说是波杰克的“灵魂伴侣”。黛安出生在一个重男轻女的家庭，小时候没有从家庭里得到足够的温暖，学校也并没有给她太多好的回忆。波杰克是黛安很喜欢的一位明星，两人的交集缘起于一本自传，波杰克没有能力完成美化自己的自传时，黛安出现了。长大后黛安一直做自己认为正确的事，也在鼓励波杰克做对的事，积极面对身边的人和事。她成为一名作家，她这颗破碎的内心，可能只有同样童年不幸的波杰克才能懂。（到底是把黛安与波杰克的关系写在友情还是爱情部分有说法。暂且按照两人相识的程度分两部分来介绍分析）

场景：波杰克想再红一把，于是答应出版社出一本关于自己的自传，即使自己并没有写书的能力，波杰克脑中的自己一直是一个无所不能的形象。截稿日期逼近，波杰克依旧过着醉生梦死的生活，自传完全没有动笔，这时黛安的出现犹如神助。不过接触初期，波杰克对自传中家庭部分的描述一直很抗拒，用他的家庭很“平淡”敷衍黛安，童年也很悲惨的黛安又怎么会不知道平淡后面还有故事呢。当波杰克发现自己无法融入一档真人秀节目时，来到屋顶平复心情时遇见黛安。两人再次讨论到自传中关于家庭的这部分，波杰克说：“大家都只愿意听他们已经相信的事，没人愿意听到真相。”黛安毫不犹豫地回答：

“我想听真相，不知道你愿不愿意说。”

分析：疏离型依恋者的典型特点之一是，在外人面前展现自己完美的形象，不轻易向外界示弱。波杰克明知道自己的写作能力一般，却一口答应出版社的编辑自己可以完成自传的书写，还好黛安出现了。之所以说黛安是波杰克的灵魂伴侣，是因为黛安总能恰到好处地共情波杰克，每一次与波杰克的谈话都细腻又柔和，在保护波杰克自尊的前提下，等待他慢慢敞开心扉。由此可见，疏离型依恋的人并不是油盐不进，他们需要能共情他们内心世界的人出现，也需要在尴尬无助时的无条件陪伴。

波杰克在爱情中的疏离型依恋表现

波杰克与卡洛琳

卡洛琳是波杰克的经纪人，是一位很坚强、很独立、很励志的女性，与波杰克相恋 25 年。卡洛琳出生在一个普通家庭，从小就帮母亲照顾富人家的起居，也由于母亲常常酗酒，无法自理，卡洛琳还要照顾母亲。长大后，卡洛琳似乎也一直在承担着照顾别人的角色。她很擅长照顾别人、帮别人解决困难，即使有时候自己的生活一团糟。她是波杰克的坚强后盾，为波杰克付出了很多。

场景一：波杰克与卡洛琳逛街时，看到一位妈妈推着婴儿车，卡洛琳说：“快看看那个宝宝，是不是很可爱？”这个问题瞬间让波杰克手足无措，他立马推倒婴儿车，开着车就走了，甚至还发生了车祸，留下一脸惊讶的卡洛琳。车祸引来警察，波杰克解释道：“我得赶紧离开我的女朋友，她又催我跟她生孩子。”

分析：波杰克总说“我没有逃避什么，我无所畏惧”，但实际上这个谈了25年的男友，是个生活工作都离不开卡洛琳的“巨婴”，只想享受，不想负责任。一直不想要孩子意味着波杰克并不想过被孩子束缚的生活，就好像自己当初被父母束缚那样，这种恐惧未来、不负责正是典型的疏离型依恋的表现，波杰克只想与卡洛琳谈一场没有任何牵挂和捆绑的恋爱。

场景二：黛安并没有接受波杰克的表白，失望的波杰克很快认为，只有重新进入一段恋情，才能离开上一段恋情的悲伤。于是他来到卡洛琳的办公室，再度向卡洛琳示爱，卡洛琳不可思议地说：“你每次只要一有事，就跑来找我求安慰，这次不可能了，我绝不可能既当你的经纪人又当你的女朋友。”不过波杰克依旧猛追卡洛琳，甚至把自己的经纪人换成卡洛琳的竞争对手。糖衣炮弹的轰炸之下，卡洛琳再次答应了波杰克，并且暂时放弃了自己的事业，准备做一个幸福的小女人。毋庸置疑，这次波杰克很快迎来反转，就在准备新一次的约会时，波杰克说：“你不爱我，我也不爱你，我们只是两个孤单的人，都想少恨自己一点而已。”就这样，两人又分开了。

分析：可怜的卡洛琳再一次被波杰克带着体验了一把过山车般的刺激，类似的操作在过去的25年里不知道发生了多少次。不过可以肯定的是，卡洛琳绝对是波杰克值得信任的人之一，波杰克“只要一有事就跑来求安慰”，波杰克不会放过她身边的任何一位异性，即使是已经分手的前男友。而波杰克自己呢，他认为离开上一段恋情的悲伤，最直接的方式就是进入一段新恋情，所以他和多位女性发生过关系，像极了风流成性的花花公子。他在用这种方式证明自己的魅力、精力与生命力，自己即使在爱情中失败，在生活的其他方面依旧可以魅力四射。

波杰克与黛安

场景：波杰克陪黛安参加父亲的葬礼后，波杰克觉得和黛安一起很开心，认为她比别人更懂自己。回来之后的波杰克对黛安的反应与之前大不相同，波杰克好像爱上了黛安，在与黛安男朋友花生酱的争风吃醋中，波杰克甚至买下了一家餐厅，偷走了好莱坞“HOLLYWOOD”中的“D”，只因这是黛安名字的首字母。波杰克终于直面自己的内心，拿起电话向黛安表白了：“我知道我自己并不完美，其实大部分时间我还有点讨厌我自己，但是，我跟你在一起时，我不讨厌自己了，我喜欢跟你在一起……”此时却没有人在电话那头听波杰克的真情告白，因为花生酱正在向黛安求婚，而黛安也答应了。波杰克再度沉醉于酒精给予的精神世界中……但他依旧没有放弃，在得知黛安即将结婚，又动用自己身边的关系，准备来一次天衣无缝的计划阻止黛安的婚礼，就像当初设计不让陶德离开自己一样。

分析：这个场景可以让人真正领略到疏离型的波杰克是如何追求自己心仪的对象的。两个人相识时间并不长，仅仅因为波杰克的自传，黛安作为一名写手必须了解到真实的波杰克，其实这是黛安的工作职责所在。而在波杰克眼中，黛安变得格外与众不同，甚至完美无瑕，他果断下了定论：这是他见过最善解人意的女性。于是使出全身解数追求对方。这反映出疏离型依恋的人容易有一种非黑即白的偏执－分裂认知，在他们的理解中好就是好，坏就是坏，没有中庸的整合之道。另外疏离型依恋的人心智化程度不高，大多时候只会站在自己的立场思考问题，很难共情自己的另一半。

我们不是剧中人，我们也是剧中人。很多人在男主波杰克身上找到自己的影子，在看波杰克的同时也在看自己。希望疏离型人能好好地接纳真实的自己，遇见滋养自己的爱情！

第五章 恐惧型依恋者的爱情

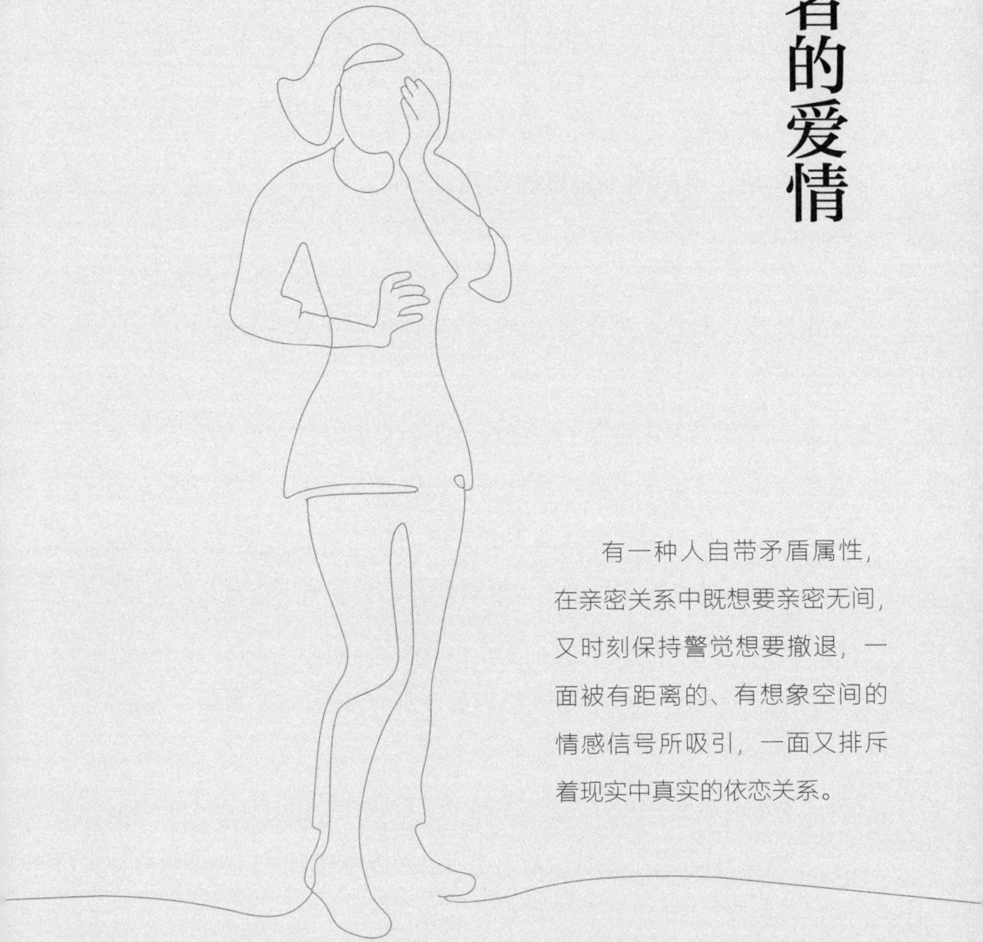

有一种人自带矛盾属性，在亲密关系中既想要亲密无间，又时刻保持警觉想要撤退，一面被有距离的、有想象空间的情感信号所吸引，一面又排斥着现实中真实的依恋关系。

案例

时而天堂，时而地狱

女主视角：果然他不是真的爱我

李晓是一个大型文化公司的女性中层主管，她工作能力强，有责任感，而且漂亮开朗，口齿伶俐，大家很容易被她的谈吐吸引，喜欢与她交往。

一次几个朋友在酒吧聚会时，李晓认识了王阳，王阳帅气又有些忧郁的气质让李晓怦然心动，她在远处悄悄地观察王阳，觉得王阳待人彬彬有礼，细致周到，两人加了微信好友。李晓发现王阳不仅外表出众，工作上也很出色，当自己的工作遇到问题时，他总能提出建设性的建议。李晓很渴望能拥有一段真挚的爱情，当王阳向她表白时，李晓有些迟疑，她担心王阳不是真心待她。后来她的脚受了伤，王阳每天跑前跑后，对她嘘寒问暖，关心有加，她想了几天后接受了王阳的表白。

度过一段短暂的甜蜜期后，李晓表面上一切如常，内心却开始各种怀疑和担心：王阳那么优秀，一定有很多女孩子追他，他怎么会看上我？他是真的爱我吗？有多爱？他会不会很快又爱上别人？

为了检验王阳对自己是否真心，李晓故意和王阳若即若离，并在某一天彻底断联。王阳一个接一个地打来电话，询问的信息一条接一条，李晓都忍痛不接电话、不回信息。到了晚上，李晓的电话几乎被王阳打爆。李晓放心了，王阳应该是关心自己的，王阳通过了检验，是自己的理想对象。于是李晓给出了浓烈的情感回馈，每天和王阳黏在一起，几乎不给对方留空间。但好景不长，王阳生日那天，李晓送给他一条领带，他没有自己想象中那么高兴，李晓再一次陷入深深的怀疑中，认为王阳对自己有意见，看不上自己，根本不爱自己。但是李晓没有告诉王阳自己的担心，因为这让她有深深的羞耻感。她在默默升级检验的手段，开始故意疏远王阳，不接受他的邀约，不回应他的信息，或者只用“嗯”“哦”应对。直到王阳反应过来，不停道歉反省，待王阳比以往更加热情时，李晓才再次确认对方是爱自己的，又走近王阳，和他如胶似漆。

这样的“黏人—远离”隔几天就会上演，比如当王阳打电话的频次少了，生理期没有像以前嘘寒问暖了，晚上气温降了没有及时给披上衣服，看电影没有听从自己的意见等，都会让李晓陷入不安和忧虑中：越来越多的证据证明“他果然不是真的爱我”。既然他不爱我，那就由我来先提分手吧，至少这样看起来在这段感情中自己不是被甩的那一个。尽管李晓内心渴望爱，也是深爱着王阳的，但她没有告诉王阳，仍然痛苦而又决绝地提出分手。

男主视角：不可捉摸的爱

王阳和李晓在一次聚会中结识，王阳很快被漂亮、风趣、有思想、善解人意的李晓吸引，主动添加了好友。两人在微信上的交流很愉快，他们都喜欢金庸的小说，喜欢玩同一款游戏，在工作上也能相互给予建议，王阳向李晓表白，想和她在一起。但李晓没有回复，王阳很煎熬，不知李晓是什么态度。后来李晓脚受了伤，王阳很心疼，每天为李晓做饭、送花，送她上下班，一天好几个电话，嘘寒问暖。几天以后李晓回复，愿意和他在一起。王阳很高兴，李晓那么优秀、漂亮，自己要珍惜。他每天问候，提醒天气情况，尽己所能地做一个好男友。

最初两人都品尝到爱情的甜蜜，但有一天李晓忽然毫无来由地“失踪”了，电话不接，信息也不回。王阳急坏了，要不是公司有事走不开，他会立刻到李晓的公司去问个究竟。他在工作间隙打了一个又一个电话，均石沉大海。晚上李晓终于回信息了，说手机忘拿了。第二天李晓给他做了爱心午餐送了过来，主动约他晚上一起去看演出。

但几天后李晓又开始疏远，不回信息，几经追问才敷衍地回个表情包，不愿一起吃饭、看电影。王阳百思不得其解，这段时间自己和以往一样，也没发生什么事，不知李晓为什么会这样。王阳一直“我猜，我猜，我猜猜猜”，找相关人员打听，上网搜索“女友为什么有些冷淡了”，才想到自己生日那天有什么不对了，原来是李晓给他送礼物时公司领导来了个电话，让他处理问题，王阳一时间有些分神。于是王阳不停向李晓道歉，说自己错了，以后一定要注意。李晓释然了，两人再次甜蜜如初。

但这样不可捉摸的“远离”隔几天就会来一次，每次王阳都丈二和尚摸不着头脑。李晓很多时候无理取闹，让王阳很憋屈，李晓认为他不爱自己，甚至情绪失控，步步紧逼，不相信王阳的解释，这让王阳实在搞不懂李晓要什么。当李晓再次提出分手时，自己也陷入深深的痛苦之中，无力再去修复二人之间的关系。

分析：李晓也是受害者

李晓在感情上会有这样的反应，和她童年的经历分不开。她年少丧父，这对于一个孩子来说是重大的丧失，如果她的母亲能够承担起责任，给她足够的爱与支持，李晓也可以得到疗愈。但不幸的是，她的母亲是一个情绪极其不稳定的人，再加上失去丈夫，很容易情绪崩溃，对李晓动辄打骂。幼小的李晓只能依赖妈妈，但妈妈又是那个伤害她的人，这使她长期在恐惧不安的状态下成长。爸爸去世，早早地抛弃了自己，妈妈并不爱自己，连爸爸妈妈都不爱，李晓认为自己是不重要的，是不值得被爱的，又怎么相信伴侣会爱自己呢？这就导致了李晓既渴望爱又不相信爱，既想靠近又要远离的拧巴状态。同时也让她的伴侣王阳倍受折磨，陷入痛苦的泥沼中。

恐惧型人的爱情写真：渴望爱却不敢靠近的刺猬

对于恐惧型依恋者而言，他们的养育者通常不靠谱，甚至有虐待和伤害的行为，本来应该是最亲近的人，却成了伤害自己的人。这就导致恐惧型人极度矛盾，既担心被抛弃，又不适应亲密关系，表现出高焦虑和高回避的双重特质。他们长期形成的防御机制是分裂的，他们对想接近的亲密对象不知如何应对，在亲密关系中常会忽冷忽热、害怕被拒绝、无法信任他人，但同时又黏人、占有欲强、想要更多的亲密等，让人捉摸不透。

成人依恋模型的提出者巴塞洛缪认为，**恐惧型依恋的核心表现在于“对自己和他人过低的评价”，**即感觉自己不值得被爱，也很难信任那些说爱自己的人。和焦虑型人相比，恐惧型人少了一些讨好的意味，比起焦虑型人的一味主动付出，恐惧型人更希望对方能为自己做些什么，这样可以更好地避免伤害；相较于冷漠的疏离型依恋者，他们又对伴侣有更多的要求，希望对方能和自己亲近，如果伴侣没有做到，他们就会自动远离，摆出一副“你不理我，我也不理你”的“傲娇”面孔。如果恐惧型人的伴侣无法理解这一点，就很容易被他们的忽冷忽热的“拉扯”而深深伤害，甚至选择分手。

既想要，又怕要

恐惧型依恋者自幼长期生活在无法预测的高强度的恐惧中，因年幼弱小，在家庭中没有权利，没有资源，他们必须依赖养育者才能存活，一方面必须亲近养育者，另一方面又十分恐惧和害怕，想要逃离又无处可逃，对于亲子间的依恋形成了“既想要，又怕要”的矛盾心态。对于成年后的亲密关系，他们也是如此。在建立亲密关系前，恐惧型依恋者会产生冲突纠结，他们既渴望爱情、渴望被爱，又担心在这段关系里会被抛弃、被伤害，既想接近喜欢的对象，同时也怕接近喜欢的人，表现得让人不解。

有意思的是，在没有进入一段感情之前，恐惧型依恋者们会让和他们有过交往的人留下比较好的印象，比如开朗乐观、幽默风趣、积极阳光、风流倜傥等，因此这会让很多异性动心，吸引到不少求爱对象。

当他们真正遇到自己想要亲近的对象，恐惧型人会时刻注意到对方，并默默地逐渐靠近，可是，一旦对方关注到自己，并真的和自己接触时，他们便会感到很大的压力，萌生出被拒绝的恐惧，而为了逃避这种感受，他们会选择冷漠地推开对方，然后又陷入苦恼烦躁之中，感到自己不该这样，于是再次靠近，再推开，在这样的模式中反复横跳和自我挣扎。

只有当对方明确表白喜欢自己，并且付诸行动时，恐惧型依恋的人才有可能进入一段恋爱。但进入亲密关系后，他们就会变得紧张、矛盾，不可捉摸，甚至是不可理喻。

电影《阿飞正传》中，男主角旭仔自幼就被生母抛弃，养母为了利益收养了他，养母是风月场里的交际花，没有给他家的温暖。爱的缺失让他不能形成安全的依恋关系，破碎、落寞、歇斯底里，像一只无根鸟，一生都在漂泊寻找。旭仔是渴望被爱的，同时又不相信有人能真正爱他。

观众以为旭仔是个“渣男”。他英俊潇洒，善于言辞，经常能够舌灿莲花，三两句话就能牢牢吸引女人的注意，撩拨得对方心旌摇曳。虽然如此，这些都抵消不了他内心的不安全感和恐惧感，他在一个个喜欢的女人中间穿梭，用情欲和刺激来满足自己。但他始终不能找到心灵的归属，他不在任何一个女人那里落脚。他想依靠，想停留，渴望被爱与关心，但又不敢，因为害怕对方随时会抛弃自己，他只好不停寻找能够给他安全的爱与归宿。

在影片最后的几分钟，让人唏嘘的是，看似渣男、情场浪子的旭仔在弥留之际，清楚记得和苏丽珍说过的话，“一九六〇年四月十六号下午三点之前的一分钟，你和我在一起，因为你，我会记住这一分钟。从现在开始，你和我就是一分钟的朋友，这是事实，你改变不了，因为已经过去了。”他的那些不在意、放荡不过是表面上对自己的保护，实际他对每个人都是赤诚热烈、认真细腻的，只是真爱来临时，他会下意识逃避。一旦进入亲密关系中，他作为恐惧型人的防御策略被激活，既想要，又怕要，于是用各种“渣”来保护自己。从心理学上来看，旭仔其实是在宣泄对生母抛弃自己的愤怒，但受伤最深的是他自己。

时而痴迷黏人，时而回避疏离

进入亲密关系后的恐惧型依恋者，一方面小鹿乱撞，另一方面会产生深深的恐惧感，变得极度缺乏安全感。他们一会儿表现得很渴望亲近，一会儿又表现得很拒绝，摇摆不定；明明想靠近一个人，却表现得处处想要推开，想要亲密无间，又担心受到伤害。有时会同时表现出渴望和拒绝两种态度。

他们还容易出现一种应对模式，当感觉到自己不被爱时，因为害怕失去对方，就变得特别关注伴侣，表现类似于焦虑型依恋，呈现出与之前忽冷忽热的状态完全不同的一面——黏人。他们会每天主动发信息、打电话关心对方，目的是让伴侣每时每刻都陪伴自己。还会一而再再而三地向对方确认，“你爱我吗”“我觉得你没有以前爱了，你说‘你爱我’，你要陪着我”，等等。

当他们一再地试探伴侣后，确认伴侣是真的爱自己时，感情升温，也会越来越黏着对方，回馈给对方爱与甜蜜，加倍地对伴侣好。但这只是短时间内，随着时间的推移，他们又会从蛛丝马迹中发现伴侣不爱自己的证据和苗头，于是又开始了让伴侣捉摸不透的回避——失联、失踪、冷暴力等。与疏离型依恋的回避不同的是，疏离型人的回避对于自己而言是舒服自在的，而恐惧型依恋的人实际是自我折磨的，他们的内心并不平静，也无法安心，他们在“亲近—疏离”两种状态下拉扯，无限循环，周而复始。

升级验证，检验伴侣真心

恐惧型依恋的人难以信任伴侣，或者从内心就不相信感情，认为对方终有一天会伤害自己。这个感觉随时会被激发、加剧和放大，但他们又不沟通，只是用各种“作”折腾对方，希望对方能从中猜到原因，对自己各种呵护宠爱。但当两人真的腻在一起时，即使对方照顾得再细致，说再多温言软语也没用，因为恐惧型人不信，他们会本能地抗拒这份亲密，表现出回避和疏离。

他们会想方设法测试对方是否真心。检验对方喜欢自己吗，有多喜欢，脾气、性格怎么样，真的是情绪稳定的人吗……他们会各种“作”，使用各种手段考验对方，比如故意若即若离，忍着痛苦断联，如果伴侣如自己想象的一般打爆了电话，则算是通过了检验。

但因为恐惧型依恋的人是极度敏感的，遇到些风吹草动即感觉大事不妙，自己马上就会被抛弃，所以甜蜜的时光总是短暂的。如案例中的李晓，男友王阳信息回得慢一点，在接受礼物时没有表现得很高兴，电话的频次减少了，等等，一旦发生以上的情况，她的防御策略立刻就会被激活，开始在心里编写各种悲惨的脚本。恐惧型人会找出各种证据证明伴侣一定会离自己而去，自己最终会被抛弃。一想到这些，他们会深陷痛苦，越是痛苦，越是反复强化自己固有的想法。

恐惧型人的外在表现有时是分裂的，可能是云淡风轻的，也有可能是歇斯底里的，但是有一点是相同的，即他们的内心对亲密关系有种深深的不信任感，在自己被对方忽略之后，这一点又加深了。于是他们又回到试探伴侣的老路子上，进一步升级检验手段和策略，使出花样繁多的招数。他们这样做的目的是想让伴侣用行动证明对自己的感情仍然如初，让对方意识到自己错了，要和以前一样热情。如果伴侣如他们想象的那样，不停道歉反省，行为上更加体贴关心，那么就过了这关（当然，后面还有新的关卡和考验）；如果伴侣没有做出改变，不够热烈，那么恐惧型人就会坐实对方不爱自己，验证自我的消极信念，陷入自怨自艾中。

表面强大，内心惶恐

恐惧型人极度缺乏安全感，很怕他人看透自己内心，同时，他们也会像疏离型人一样，觉得让他人看到自己脆弱不堪的一面是很羞耻的事，所以总是假装强大，说着和内心想法相反的话，表现出的行为也与内心不符，以便维护自己强大的外在形象。他们中的很多人在日常交往中看起来自信风趣、积极乐观，甚至扮演着大众情人的角色。但他们很少表达自己的感受和需要，习惯用敷衍和若无其事来掩饰内心，看起来潇洒自如、无所畏惧，但内心惶恐不安。

如李晓和王阳相处的过程中，短暂的甜蜜期之后，李晓很多时候都表现得颐指气使、居高临下，朋友们都说她在对王阳“双标”，喜欢控制王阳。实际上，这是因为李晓内心深感卑微、脆弱、不安和恐惧，越弱小越强势，越强大越松弛，恐惧型人因为不能真正坦诚地面对自己的内心，所以习惯用强大来伪装自己。

他们不会说出类似“我喜欢你”“我早就爱上你了”“我很怕你会离开我”等内心真实的想法，他们担心一旦说出来就会被对方拿捏、被伤害，所以一直在伪装。他们会在发信息时不断修改、删除发送的内容，最后干脆放弃沟通。当面谈话时他们不会主动谈到内心深处，只会流于表面；发生冲突时，他们不会通过心平气和的沟通来解决问题，而是会用疏远来表达不满，会有各种让伴侣看不懂、还有些伤害的操作。恐惧型依恋者就是这样口不对心地折磨着自己和伴侣。

他们的内心戏很多，但又不会主动沟通袒露内心：

“我先拒绝所有亲密动作，除非你是真的爱我。”

“我想要一个拥抱、一句关心的话、一杯热水，但我就不说，你要会读心术，主动回应我所有的内心需求。”

“情人节你买的礼物并不是我想要的，这件事让我很伤心，但我不会沟通，也拒绝与你沟通，除非你能猜到问题到底出在哪。”

……

这类人群在感情中“伪强大”，常处于内耗的状态，很难在感情里得到滋养。

为免受伤，先斩断关系为强

恐惧型依恋者**对关系感到悲观，会习惯性地产生“负面预期”。**在面对不能确定的事物时，他们会本能地先产生负面认知，即“他人是不可信的，我是不值得被爱的，他们说爱我也是假的”。他们容易滋生焦虑、难过、痛苦、恐惧等负面情绪，任其排山倒海般涌来淹没自己，绝望地认为这份关系无法长久。

在某种程度上，无论恐惧型人的伴侣怎么做，多么周到细致，多么热情如火，多么愿意付出金钱、时间和精力，无论多么迎合、满足恐惧型人，用各种可能向他们证明自己是爱的，恐惧型人可能还是会从一点点的口误、忙碌、疏忽中找到“不爱”的蛛丝马迹。虽然刚刚破镜重圆，但可能瞬间又会怀疑、恐慌、焦虑。

“他这个表情明显是厌烦了，他不爱我了。”

“她刚刚只是轻轻‘哦’了一下，明明就是敷衍我，她不爱我了。”

“今天是我们相爱 98 天的日子，他竟然忘了，他根本就不爱我。”

……

最终得出结论：他 / 她根本就不爱我！

接下来会是一系列“作”的行为，如各种精神暴力、冷言冷语等，促使最坏结果发生，以证明自己的判断是正确的。恐惧型人认为，亲密关系总是开头美好，结局潦倒，对方最后一定会拒绝或离开自己，既然不可能有好的结果，那就撤离，及时止损，这样“我”还是表面看起来强大的“我”。所以，恐惧型人通常在关系中率先提出分手。

这样的分手对他们的伴侣来说往往是毫无征兆的，可能昨天还好好的，一觉醒来就被拉黑了，当费尽周折联系上对方以后，恐惧型人则是一副抽离的状态，好像一个置身事外的旁观者。他们会不带情感地陈述你和他 / 她在一起不合适，冷漠决绝地表明结束关系的态度。其实彼时彼刻，他们的内心也是很煎熬的。

给恐惧型人的爱情建议

如果你是恐惧型，不用悲观，也不用自怨自艾，因为依恋类型是可以修复和改变的。你要意识到，**“你是你，依恋模式是依恋模式”，**当你在亲密关系中表现出疏离或焦虑时，那只是你因为处于不安全的状态中，被激活了防御机制，这并不是你的完整状态，在你感到安全时的状态才是真正的你。

自我觉察，正确归因

当亲密关系总是出现问题，自己总是从中受伤时，恐惧型人往往会归因于外界，比如“遇到的是‘渣男’‘渣女’”“世界不公平”“他人不可信”，等等。但这样的归因只会让人越来越自我怀疑，越来越陷入焦虑、痛苦的泥沼，同时更加坚信世界和他人不可信。作为恐惧型人，你想要爱，又怕被伤害，想要接近，又想逃走，内心很纠结。你可以停下来好好地反思觉察“为什么会这样”，一步步从结果倒推成因，对自我进行更多的探索。你会发现，一切问题的根源不在于他人不可信、世界不公平，而在于自己的依恋模式。这是自救的第一步。

理解自己为什么成为现在的自己：过往经历了什么，与父母是何种相处模式，与前任是如何互相伤害、撕扯的，和朋友们是如何互动的……当慢慢理出头绪，你会找到症结所在，认识并接纳自己的两面性，分清哪个是“戴着面具的伪装的自我”，哪个是“脆弱的、期盼着爱的、真实的自我”。双面性是正常的，也是可以理解的，都是人格的组成部分，内在的真实的自我是可以适当暴露的。

当对自己有深刻的理解，知道一切都源于自己时，你会觉察到以往的核心信念或许是不合理的，在亲密关系时的很多想法、思维和认知，如认为对方不重视自己、故意忽略自己、不是真正爱自己等自动化的思维，是不符合事实的，只是依恋模式在控制你。但依恋模式并不是宿命般的桎梏，它是可以调整和改变的，而这需要你开始在工作中、生活中、关系中有意识地调整自己的思维和行为。或者，接受这样真实的自己，不再伪装，与伴侣坦诚相待，告诉对方自己需要的情感回应、沟通方式、相处模式等，例如，告诉对方自己在爱情中容易矛盾纠结的心态，请对方多一些包容。

菲儿终于克服种种心理障碍和小周相爱了，但因小周没有按时“电话叫醒”自己而产生了“他一点儿都不关心我”的想法，继而不可自抑地陷入难过、痛苦的情绪中。在没有理解自己的依恋类型之前，菲儿深信自己的想法就是事实，并把这些放在心里，当小周觉察出有些不对劲时，菲儿也毫不吐露，只是平淡地说“没有什么”。

若长此以往，菲儿这样的念头越来越牢固，他们的关系也不可避免地走向破裂。如果菲儿能深刻地了解自己，直面内心的脆弱，知道这类想法只是自己的防御机制被激活的产物，一切的根源在于自己，不是男友，也不是他人，并且接纳这些恐惧和不安，她就迈出了重要的一步。然后，及时停掉负面想法，学会表达真实的感受，逐步卸下防御，而不是期望对方猜测自己的心思，他们的关系就会越来越健康，菲儿也能够拥有属于自己的幸福。

学习成长，增强安全特质

理解自己，了解自己在亲密关系中各种口不对心的表现的深层原因后，就有了改变的意识和动力。长期以来，恐惧型人都生活在惶惶不安中，长期形成的负面心理预期让你倍受煎熬，任何一点风吹草动都会引起你强烈的心理震动，你会立刻采取回避或焦虑的防御策略，自觉或不自觉地内耗自己。对你而言，你需要感受一段有安全感的关系，或者找到一位安全型的伴侣，让你能够随时观察和学习，看一看在一段关系中如果遇到问题，他 / 她是如何说、如何做的，从而让自己的依恋类型逐步转变为安全型，慢慢改变对情感的认知，学会享受亲密有间的真挚爱情。

小婉有三段失败的恋情，每段恋情她都认真对待，充满美好的期待，但总是开局美好，过程中担心、焦虑、试探、拉扯、煎熬，和好、分手几番，最终都以失败而告终。不过，小婉很聪明，善于学习反思，明确自己是恐惧型依恋之后，她开始观察身边的同事、朋友，看看他们是如何处理亲密关系中的问题的。她的表姐温柔平和，与姐夫总是互相支持，哪怕姐夫工作调动到另一个大城市，周围的人都表示这样异地会有很多问题时，表姐也表示相信姐夫，支持他去更大的平台施展才华，实现抱负。通过他们的努力，一年以后，表姐也去了姐夫所在的大城市，俩人齐头并进，都在公司有所建树。当姐夫不高兴时，表姐会问他原因，陪着他渡过难关。当有不同意见时，表姐也愿意倾听，而不是怒气冲冲地埋怨他，不给对方解释的机会。

小婉想：如果男友离开她去另一个城市，自己一定会感到难过、焦虑，会认为对方一点儿也不在乎自己，不考虑两个人的未来；如果男友与自己意见不一致，会感觉男友很不重视自己。原来面对两个人的问题，还可以有这样的处理方式，还可以这样情绪平和地处理不同意见。慢慢地，小婉在周围安全型的榜样身上学到了很多与以往不同的认知和行为方式，自己也有所改变，具备了越来越多的安全型特点。

小婉在新的恋情中再次遇到问题，感觉到男友小宋没有那么爱自己，于是选择冷战，不联系对方。小宋在确认她人是安全的，在正常上班后，没有死缠烂打，也没有到公司和家里追问，而是正常工作，只是时不时地给小婉发信息表示“想你了”“爱你”之类。一周以后小宋邀请小婉一起看电影。

小婉现在知道了，若自己又不对劲时，就先让自己“停一下”“等一下”，问一问自己，“我想要的是什么”“如果是安全型人，会如何处理现在的矛盾”。小婉知道男友是爱自己的，明白恋人之间是需要进行真诚沟通的，于是接受了男友的邀约，看完电影后和男友好好谈了谈，两人达成口头契约——如果以后小婉再有这样的行为，男友不要着急，留出时间和空间让小婉平复一下。

所以，你也可以像小婉一样，通过观察学习、反思成长，增加自己的安全特质，用积极的思维和方式去处理感情中的问题，品尝爱情的甜蜜。

改变思维，分清事实和想象

有时我们的思维和想象并不是现实，我们需要多问一问自己。当对伴侣有猜忌时，当从对方的点滴言行中感到被伤害时，或者感觉对方是完美的、高大的、全能的时候，我们要立刻有意识地想到：这是事实吗？还是自己的依恋模式被激活导致的假设和想象，以致过度妖魔化或美化了事实？自己在被不符合事实的内心小剧场折磨得痛苦不堪，是否太不值得了？

作为恐惧型依恋者，你很容易会因担心被伤害而触发防御机制，从而产生灾难化、非黑即白的不合理思维模式，在这种思维模式下，可能会更加难以看到真实的世界。

所以，在情绪来了之后，你可以找到情绪背后的想法和思维，再用理性客观的视角分析问题。比如，回忆你们在一起的细节，看看是伴侣关心你的证据多，还是忽略你的证据多，避免情绪来了以后立刻做出逃离或发怒等不理智的行为，否则一次次的情绪崩溃很容易导致关系彻底破裂。

在小婉和现任男友小宋的恋情中，小婉还会时不时地陷入怀疑自己也怀疑男友的痛苦中。今天一天小宋都没有主动打电话、发信息联系，小婉也没有发信息问小宋是否在忙，只是又一次怀疑小宋："并不是真的爱自己，否则怎么会一天都不联系呢？果然从来都没有人真正爱过自己。"当这个念头闪出时，小婉深呼吸，自己与自己对话：

"这是我的想法，符合事实吗？上周有一次给他打电话没接，当时也认为他是故意不想理我，后来知道他有重要的项目在开会，不方便接电话，他在开会间隙给我发来了短信。"

"我们一起看电影、吃饭时还是聊得很开心的，他也很细致地照顾我的口味，会叮嘱我注意安全。"

"朋友、同事都说他对我很好。"

……

最后，小婉推翻了"他根本就不爱我"的想法，意识到又是因为激活了内心对被抛弃、被伤害的恐惧而产生了这些不合理的想法和思维。小婉及时让自己转移注意力，不再陷在纠结中，正常做该做的工作。晚上下班后，小宋的电话打了过来，说今天忙得一塌糊涂，但很想她，马上就来接她一起去吃晚饭。

小婉及时觉察出了自身恐惧型依恋模式的激活，培养出了理性思考的能力，学会从不同角度分析问题，和小宋的感情也进一步升温。

真实表达，认真倾听

越真实越有力量，越是伪装、压抑、扭曲，越会陷入痛苦，在亲密关系中更是如此。恐惧型依恋者因为害怕暴露脆弱，总是伪装自己很强大，但内心却很脆弱，渴望关注和抚慰，所以常常情绪化，做出和内心相反的行为，这会带来很大的障碍，让伴侣很迷惑，不知应该如何回应和相处，继而让关系夭折。要记住："真实"是最根本的需求。

莉莉是典型的恐惧型依恋者，因为她和甲方一个细节没有沟通好，领导便把她狠狠批评一通，说她无知、幼稚。莉莉回到家开始向男友抱怨，"都怪你，没有权势，让我在公司受欺负""你太没用了，钱赚不到，还一点儿都不关心我，你看看人家男朋友"……

莉莉认为这就是她的"真诚"，这是她真实的想法，没有掩藏，但这其实是一种贬低、投射的防御方式，并不是莉莉最真实的情绪。此时的莉莉很是痛苦难过，脆弱无力，这种内在状态激起了她的防御策略，她本能地用坚硬、锐利的外壳来保护自己，却把那个最真实的自我藏到深处。在这种模式下，她和男友很难好好沟通。只有卸下这层防御，自己和对方才能看到最深的一层，也就是一个人核心的情绪和需求。

如果莉莉能够冷静下来自我觉察，跳出另外一个自我来对话，就会逐步知道自己真正想要表达的是什么。

“你这样说、这么做，是真的想这样对待他吗？你真正想要表达的是什么？内心真正需要的是什么？”

“不，我不是像说的那样想的，我是想让他关心一下我，问我在公司里发生了什么事，但一开口却是那样伤人的话，我装作指责他，甚至是推开他，其实口是心非。”

“为什么口是心非呢？”

……

这样一步步来探索自己，触摸到最真实的诉求。当鼓起勇气去面对时，你会发现自己是如此脆弱，怕说出来“他对我来说是如此重要，我想让他关心自己，那么他是不是就会轻视我、不在乎我了”这类想法。其实不必耻于说出这一点，此时，跳出来的自我可以继续追问，促使现实中的自我能够往前迈出一小步，向伴侣诉说真实的情感需求。当你这样试过一次，结果不是自己想象的那样，反而收获了对方更多的爱与理解时，此后便会进入良性循环，你在感情中会更加安心舒适。

再回到莉莉的案例，莉莉表面上的强悍、指责、贬低，其实是想告诉男友："我现在很难过，很无力，很挫败，你可以帮我一下吗？"请求恋人帮助才是她最真实的需求。

如果莉莉继续用以往带防御的"真实"和男友沟通，大家可以想象到她的男友会有什么反应。如果他不是安全型依恋者，他的防御策略很可能也会被激起，冲突在所难免，两人的关系会产生更多裂痕。

恐惧型依恋的人要克服种种困难，逐渐超越和成长自己，学会表达自己真实的情绪，暴露真实的自我。当然，看到和表达这份真实的自我，需要觉察，更需要勇气，不是一件容易的事。因为那份脆弱不仅在他人面前无法呈现，在亲密的伴侣面前难以呈现，甚至对自己也难以呈现。这需要一个过程。别着急，我们可以慢慢来。

第一，要有对自己深刻的理解。接受真实的自己，不害怕面对脆弱和失败。这个在上文已经详细阐述。

第二，要有自我调节情绪的能力。当情绪平复后，再向伴侣去表达自己真实的需求，这样伴侣也不会因接受太多负面情绪而感到疲惫不堪。

第三，要真实表达自我和倾听对方。恐惧型人可以表达出自己的担心、痛苦、难过、焦虑、纠结等情绪，说出这些不会让你受伤害，相反，爱你的伴侣会因为你的坦诚而感到被信任，和你建立更多的连接和理解，给你想要的回应。同时记着，在对方做出回应时，自己要放下成见，认真倾听，不过分解读，不阴阳怪气，以免堵塞沟通的通道。

恐惧型人注意在表达时仍要注意觉察自己核心的情绪和需求。如“我当时感觉到有些冷，你没有为我披上衣服，我感到很伤心”，这是真实情绪和需求的表达；而“我认为你根本不关心我”，则是种自以为的“真实”，属于不成熟的防御的外在表现。

寻找专业支持，疗愈创伤

我们已经知道，恐惧型依恋通常是因为在童年时期被忽视，或者因为失去父母或其中一方，遭遇严重的丧失和创伤等经历而形成的，恐惧型人通常认为是因为自己不够好，不值得被爱，所以才被抛弃、被忽视。这逐步演变成他们个体的核心概念，并以“羞耻”的感受被记忆下来。很多遭受创伤和丧失的人，即使自我觉察到了这一点，也很难自我疗愈。

此时你可以向专业人士求助，和心理咨询师或心理医生一起回忆自己的成长历程，思考自己被养育的过程中及恋爱经历里有无被抛弃或被忽视的情感体验，一起找出隐藏在内心深处的、自己无法触及的根源，解释问题的成因，接受真实的自己，让潜意识意识化，探索自己以往无法触摸到的不合理的核心信念。

在专业人士的辅导下，借助空椅子、精神分析、认知行为等技术，你可以了解自己之所以会在亲密关系里又爱又恨，既渴望得到爱又想远离的原因，你会逐步发现这实际是早年对父母又爱又恨的复杂情感的重现。尝试释放被羞耻感压抑住了的感受，让自己从这样的关系中脱离出来，看清自己回避的是什么，为什么想要对自己和所爱的人实施精神暴力，是解决问题的起点。

电影《心灵捕手》中的男主角威尔，是恐惧型依恋的代表。他是个孤儿，被多个寄养家庭收留，但又饱受虐待，他想要的亲密和爱都得不到，这使威尔从内心里认为自己不值得被爱，形成了混乱、恐惧、不可预测的性格。最初他是被迫接受心理治疗（因为打架袭警，不接受心理治疗就要被判刑）。在“调戏”了几个治疗师后，威尔被心理医生桑恩感动，建立了稳固的咨访关系，在一次次的自我探索中，威尔逐渐接受了真实的自己，知道了所有人都不可能完美，但不影响自己被爱，不要害怕让伴侣知道自己的自卑和脆弱，它不意味着要被抛弃，相反，会得到伴侣的深度理解和更多关爱。幼年时的创伤不是他的错，终于，威尔在治疗师怀里像个孩子一样失声痛哭，他在和治疗师的探讨中得到充分的抚慰和滋养，体验到了安全感，建立了安全基地，释放了真实的自我。影片最后，威尔驱车赶往女友所在的城市，那是一个崭新的威尔，一切才刚刚开始。

在专业人士的循循善诱下，那个曾经渴望爱却得不到爱，一次次被养育者和现实抛弃的小孩能够一步步长大，慢慢有力量给予自己想要的，有能量逐步成长，有勇气面对真实的自己，并试着在现实生活中一点点检验，表达真我，暴露脆弱。

抱抱那么多年过得如此辛苦的自己，试着向专业人士敞开心扉、寻求帮助，相信你最终会走出阴霾，拥抱阳光。

如何与恐惧型爱人相处

如果你的伴侣是恐惧型依恋者，你可能会被对方的言行不一、前后矛盾、时而痴迷黏人、时而冷漠无情、负面情绪不时爆发等一系列“作”，折腾得身心俱疲。如果你在已经体验过这些后，仍然毅然选择留在这段关系里，并承担起经营关系的责任，你要注意以下几点。

理解伴侣的应激反应

随着关系的深入，建议你找到问题的源头去接纳和理解伴侣。了解伴侣的成长过程能更好地读懂他/她在亲密关系中的不安。可能伴侣从小在别人家长大，过着寄人篱下的日子，或者父母在外工作，一直缺少沟通，或者养育者有一方丧失甚至双方早亡，或者父母离婚但均不愿抚养，或者被虐待，等等，都会导致他/她强烈的恐惧，被抛弃、被伤害是他/她无可奈何的底色，所以他/她才会那么热切地期望被爱，但又怕亲密靠近。如果你去伴侣家里做客，就更能看出其中端倪，对方往往没有与父母建立起真正的情感连接，或是惧怕不安，或是冷漠疏离。

如果王阳在和李晓的恋情中遇到挫折时，能够从痛苦中走出来，花时间和精力去了解李晓的过去，知道李晓的成长是多么辛苦与不易——父亲早逝，母亲打骂，长期生活在恐惧不安中，却成长得如此优秀，他定会心疼和敬佩自己的女友。同时王阳也要意识到，要把她本人和她的依恋模式分开，那些让人难以忍受、不可捉摸的行为，是女友下意识的应激反应，并不是真实的她。她自己也控制不了自己害怕被抛弃的潜意识。

当帮助伴侣确认依恋类型，对伴侣有更深的理解时，就会疼惜、接纳对方，继而给予对方温暖的支持和疗愈。当对方发脾气或表现出冷淡时，不要担心害怕，也不怪罪对方太“作”，因为这一切都是他 / 她的不安全感在作祟，而安全感可以用好的爱情来滋养、充盈。

给予情感确认，帮助建立安全感

如果你选择对这段关系负责，想要把这段关系发展得更深入，则要给予恐惧型爱人充分的情感确认，帮助伴侣建立安全感。

例如，当伴侣变得冷漠疏离时，你内心知道对方是因为担心被伤害、被抛弃而选择回避，其真实的意图是想要表达自己的焦虑、不安；当伴侣想反复黏着你或质问你时，对方的真实意图是“你爱我吗”，你不妨给对方一个爱的抱抱。

在小婉和小宋这段亲密关系中，也曾有过一段痛苦迷茫的日子。

他们曾因五一到哪个地方旅游而有不同想法，小婉顿时产生了浓浓的悲观情绪，但表现出的却是颐指气使：“你为什么总是这样，干啥啥不行，就会惹我生气？你根本就没把我放在心上！”

如果你是小宋，你会如何回应，面对这样的指责，你会产生什么样的情绪？你的防御机制很有可能也会被激发出来：既然你认为我干啥啥不行，看我哪儿都不顺眼，那咱们的关系不如就此打住，各回各家吧。

但小宋知道，此时的小婉又回到了童年状态，过去被抛弃的感觉重新袭来，表面是盛气凌人，其实是那个小女孩在哭泣：“我很伤心，你会离开我吗？”他没有被小婉的表现激起负面情绪，而是心疼地抱着小婉解释说，是因为五一假期只有三天，小婉的生理期又快到了，选择近一点的地方玩两天，剩下的一天他们在家里看剧、打游戏，也是很好的休息。小婉被感动了，也感到有些羞愧，对小宋比以往更好了，两人的感情又进一步升温，小婉在小宋这里得到越来越多的安全感。

所以，不要被恐惧型爱人的表面强大而迷惑，他们很难直接说出“我担心”“我害怕”“我很痛苦”这些话。作为伴侣，你需要能及时觉察对方真实的感受，正确回应对方的需求，帮助对方反思自我，并找到潜在的解决问题的方法，让他 / 她感受到你的爱，让对方相信，无论怎样你都在身边，他 / 她能够拥有一段被无条件支持的关系。接受他们的状态，让他们以自然的状态生活，比“我希望你能变得更好”更好。你的理解、包容、稳定与支持，会让伴侣逐渐感到原来人与人之间建立亲密的关系并没有那么难。

做到这些，你需要强大的内心和稳定的情绪。同时，你也要意识到，爱自己是第一要务，只有把自己爱好了，才有余力去爱他人。

约定信号，把握进退尺度

恐惧型人需要时而近时而远的关系，所以作为伴侣，要能在一次次的冲突和问题中摸索出何时该进、何时该退，并在大多时候保持在不远不近的距离陪伴他们，让他们感觉舒服，没有压力，给他们安全感。但是这个度很难把握，这里建议你可以和伴侣约定一个信号，以应对关系中的一些“紧急时刻”。

琼瑶的小说在现在的价值体系中被屡屡鞭笞诟病，但小说《一帘幽梦》中紫菱和费云帆在法国那段时间的相处秘诀是值得学习的。费云帆为了避免以后的争吵，提议用“普罗旺斯”一词来代表“对不起”，并和紫菱约定好，当说出这四个字的时候，不管对方有多么生气，都必须接受另一方的道歉。

情绪往往是两个人吵架的导火索，但有时又似箭在弦上，不得不发。这里有个巧妙的方法：伴侣之间可以做好约定，利用身边的小物件来表达情绪。比如，小婉和小宋喜欢抓娃娃，家里有数不清的各种表情和形态的娃娃，他们约定，每次争吵冲突后，表达不出来的真实需求就用娃娃来提醒对方——现在自己是什么情绪、什么状态，是否能够沟通，希望伴侣如何对待自己，等等。

如摆出那只蒙着眼睛的流氓兔，则是“不好意思，我知道我的行为伤到了你，但其实我不是故意的”；摆出那只慵懒的小熊，就是“我们都让自己冷静一下，明天再交流”。

他们的“娃娃”信号，让小宋知道该和小婉保持什么样的距离，使得两人的关系有了很大改善。

仍然要强调的是，伴侣是成年人，他们如何说、如何做是他们的自由，选择继续陪伴还是离开，也是你的自由。伴侣要为自己说的话和做的事负责，而不是你要为对方全权负责。不要去满足伴侣不合理的要求，更不要试图做拯救者，你们是相对独立的，而不是畸形共生在一起。如果一味满足和退让，那是一种共谋，会让伴侣越来越被蒙蔽，找不到真实的自己。先滋养好自己是第一位的，不抨击、不评判，允许伴侣有自己的“阴影”，恰到好处的陪伴，便是足够的温柔。

借助专业资源，共同成长

如果你实在经受不住伴侣一次次的折腾，就不妨和对方一起走进咨询室，在专业咨询师或心理医生的帮助下，一起做伴侣咨询，借助专业的力量探索自我、理解对方。

例如，在心理咨询师的帮助下，你们可以绘制出各自的家谱图，互相了解对方的成长过程，了解对方的依恋模式；知道有哪些应激策略是在成长的过程中，在潜移默化中变成自己的下意识反应；明晰父母养育自己是什么方式，是否能够及时回应自己的情感需求，形成了自己哪种类型的依恋模式……当这些被了解、被看见时，人就被疗愈了一半。在心理咨询师的引导下，你们可以相互了解双方真实的情感需求是什么，在什么时候需要怎样的回应方式，生长出新的有效的沟通模式。给予伴侣想要的爱，是爱情长久的应有之义，而不是你给了一车西瓜，对方实际想要的是一个桃子。如果有可能，你们也可以邀请父母一起加入咨询，解决依恋中的根本症结所在。

请相信爱与被爱，和伴侣一起在关系中成长，解开来自恐惧型依恋的魔咒吧！

TIPS

假如你是非安全型依恋者

如果你是疏离型依恋者，在和恐惧型伴侣相处时，因为你的疏离会激发伴侣焦虑的应激策略，他/她唯恐失去你，随时想要抓住你，每天需要和你在一起，来验证你是否爱自己，此时你会因为个人空间被侵占而更想逃离，形成典型的“追—逃”模式。

如果你是焦虑型依恋者，与疏离型人相反，则会激发出伴侣回避的应激策略，但与疏离型人的回避又不同，他/她会一边逃离一边渴望被爱。双方都希望控制亲密的程度，都有丰富的内心小剧场，但也都会因为担心被伤害而不袒露真实的自我，会旁敲侧击、冷嘲热讽、相爱相杀，实际是想让对方关注自己，了解自己的真实需求，处于一种“明争暗斗”的焦灼状态。

作为非安全型依恋者，你和对方都要各自疗愈好来自过去的创伤，学会非暴力沟通，这样能摆脱“追—逃”或“相爱相杀”的模式，走向真正的亲密。

拓展阅读

恐惧型依恋者周芷若

周芷若，金庸先生经典武侠小说《倚天屠龙记》里的女主角之一，峨眉派弟子，后成为第四代掌门人，人如其名，如同汉水畔迎风颤动的白芷，秀美脱俗，态似西子，秀似芝兰 。她深爱着张无忌，但与对方却渐行渐远，最终与青灯木鱼相伴，了断情缘，演绎了一曲让人扼腕叹息的爱情悲歌。而最根本的原因是周芷若的恐惧型依恋在作祟，在这段亲密关系中，她一直在不断地试探、分裂般地防御、报复、仇恨，从始至终都在消耗自己，也把对方拉入疲于应对、困惑、焦虑、痛苦的深渊。

不停要誓言，要的不是爱，是安全感

周芷若是普通汉水船家的女儿，从小没娘，幼时父亲遭元兵杀害，自己被张三丰相救，才与少年张无忌在汉水舟中邂逅。遭遇了重大的丧亲之痛，严重的危机感和恐惧感是周芷若的性格底色，后虽进入峨眉派，由灭绝师太抚养并授业解惑，但这个养育者显然并不靠谱，没有一丝人情味，一心记挂的是杀了勾引本派弟子的杨逍、剿灭魔教和光大峨眉派，其他都不重要。这两个执念传递给了周芷若。灭绝师太以师徒的情分和保护周芷若来控制她，而同门之间的倾轧又无处不在，在这个团体里周芷若没有得到过温暖，也没有人可以说说心里话，时刻想的是如何保护自己。可见周芷若的一生经历的是丧失、被控制，她在战战兢兢中长大，严重缺乏安全感，即使外在如此美丽出尘，又拥有一身高强武功，还有武当、峨眉这么强大的资源，她仍然感觉自己是不值得被爱的，不相信会有人能够无条件地爱她。

尽管和张无忌已情到深处，但仍然在不停要誓言，隔三岔五要张无忌保证："你日后会不会……"，得到了想要的答复，但仍不相信，隔几天再问，"我要你亲口答应我……""我要你正正经经地说……""我要你说清楚些……"。即便如此，这个姑娘仍然活在恐惧之中，认为张无忌所说的这些不过是在敷衍，不是真心话，或者很快就会失去。对周芷若来说，她一直在要的其实是安全感，这比爱还要重要。可惜，这份安全感张无忌给不了，他自幼父母早亡，张三丰和武当六侠都给予了他父爱，但他在母爱上一直缺失，所以他自己也缺少安全感，也需要别人给他关怀与呵护，赵敏给了他想要的能量，还有异性间的激情碰撞，所以他撇下青梅竹马的周芷若，义无反顾地奔向"小太阳"赵敏。

善于伪装，伤人好过伤己

恐惧型依恋的人总是在担心失去，不相信别人会真的对自己好。于是周芷若习惯伪装，以获取他人的信任，一旦时机成熟就先下手为强，让他人受伤，好过自己被人伤害。

装善良，嫁祸赵敏。

装柔弱，演一出上吊戏码，吓得张无忌魂飞天外，承诺立刻成亲。

装被负。在张无忌不愿成亲时，一把扯下遮脸红巾朗声说道："各位亲眼所见，是他负我，非我负他。自今而后，周芷若和姓张的恩断义绝。"说着揭下头顶珠冠，伸手抓去，手掌中抓了一把珍珠，抛开凤冠，双手一搓，满掌珍珠尽数成为粉末，簌簌而落，说道："我周芷若不雪今日之辱，有如此珠。"

更让人毁三观的，周芷若中了玄冥神掌奄奄一息，赵敏为了救她，抱着她暖身，周芷若竟借此机会，将自身寒毒逼往赵敏身上。

在这些伪装下，她的黑化成为理所当然，以所有人为敌，伤害他人她也理直气壮，毫无怜悯之心。

人生如此艰难，需要强权

对周芷若来说，一切是如此艰难，幼年时作为那个小小的船家女儿，父母双亡，她无力、无奈、绝望，只能伏在父母遗体上哭泣，被动接受命运的安排。后虽被张三丰所救，安排到峨眉派，但依然四面楚歌，没有一处安全之所。灭绝师太耳提面命的是“强者为尊”，虽满嘴江湖正义，但点点滴滴的行为处处都透着“以强凌弱”。弱小，在周芷若看来，不仅意味着身体上挨打，也意味着心理、人格上没有尊严和没有话语权。

如果周芷若能够在亲密关系里得到滋养，获得无条件的关心与爱，也许能逐渐被疗愈。但是事与愿违，张无忌除她之外，还有小昭、殷离、赵敏，个个都是绝世美女，且背景了得，对张无忌关怀备至，不求回报，张无忌偏偏又是个老好人，优柔寡断，对身边的女孩子都好、都关心。和蛛儿有婚姻之约，和小昭主仆情深，和赵敏有地牢之亲、三事之约，这更让周芷若寝食难安，如堕九重深渊。她的防御策略被激活，感情是靠不住了，世间万物都无情无义。要争，要抢，要强大，只要能把自己想要的争回来、抢回来，牺牲一切也在所不惜。于是，周芷若走上了黑化的过程，从最初的温柔体贴变得狠厉决绝。在荒岛上她用奸计杀蛛儿，加害殷离，嫁祸赵敏，再与张无忌定亲。这段感情是用阴招诈骗得来的，然而周芷若却没有丝毫悔意。既然人生如此多艰，就必须要强权加持，自己保护自己。

当上峨眉派掌门以后，周芷若如同铁娘子一般，杀伐果断，辣手整顿，狠厉异常，比灭绝师太有过之而无不及，那个曾经与她竞争掌门的师姐，后来也不知所终，不再提及。想来金庸先生是要留给读者自己去想象，此时的周掌门会用什么狠辣的招数铲除异己。

在峨眉派，她的武功是最强的，所以灭绝师太才会把掌门之位传给她。她曾跟师傅发过毒誓不与张无忌结婚，但仍然违誓定亲，她虽对张无忌有情，却并不相信张无忌对自己是真心，那么她定亲的目的是什么？因为她需要强权——张无忌是明教教主，武功又天下第一，一旦成婚，明教就是一个绝佳资源，助她推翻元朝，她的威信也会更上一个台阶。当张无忌想要功成身退，交出大权时，周芷若就会劝导："……天下大势都在你明教掌握之中，如何能容你去享清福？"有个下属拍马屁，说："教主做了皇帝，周姑娘做皇后娘娘。"周芷若瞬间双颊晕红，含羞低头，眼角眉梢都透着欢喜。皇后娘娘的权势滔天，想要什么要不到，根本不要再看谁的脸色，和谁争什么了。可惜，张无忌无心权势，注定和周芷若不是良配。

周芷若最初出场是温柔清丽的，心态也还算健康，虽然颇有心机，但也不会和人撕破脸，奉行中庸之道。门派里抓了俘虏，她会送去吃食，在整个峨眉派中也只此一人能做到如此。如果她从亲密关系中得到滋养，在一次次的试探后确信是有人可以无条件地爱她和支持她，她的温暖善良会持续增长、放大，成为一个心态阳光、有正确是非观念、愿意在他人需要时伸出援手的人。但现实是，和张无忌的亲密关系让周芷若更加自证了自己的核心信念——"从来没有人真的关心我、爱我，我就是不值得被爱的，他人是不可信的，这个世界是冰冷的、不安全的"。作为恐惧型依恋者，她的防御策略被彻底激活，心理扭曲，不辨是非，只问是否对自己有利，杀人嫁祸使奸计，阴狠毒辣，无所不用其极。

第六章 安全型依恋者的爱情

如果你还是单身，遇到年龄相当、性格相投、三观相合的安全型人的表白，不要犹豫，答应他 / 她，在一起！

案例

斯人若彩虹

电影《怦然心动》讲述了两个孩子情窦初开时的恋爱状态：两人的互动非常有趣，如同角逐一般，前期是一个追、另一个躲，后期则是交换了位置，一个躲、一个追。电影用双视角的方式分别从女主和男主的角度叙述故事，将人物细腻的内心世界尽显无余。

女主视角：面对所爱，不卑不亢

朱莉，那个对布莱斯情有独钟的朱莉，热爱自然、热爱生命、热爱一切美好的事物。

朱莉对大树有着特殊的情感。她爱树、懂树、喜欢爬树，喜欢坐在树上的感觉。树上的时光洗涤、美化了她的心灵，她在树上看夕阳、看天空、看远方；在树上，她同时体验到了卑微与宏大——存在于天地之间，与万物同在，让人觉得伟大与宽广；但天地之下，个人又是那么微不足道，这种微小更让人敬服天地、敬畏生命。朱莉在很小的年龄就有了同龄人难以企及的境界，她内心充盈、心有大爱，正因为她目光长远、心地宽阔，她注定不会把对男孩的爱看成唯一，哪怕再心动！

年幼的朱莉对布莱斯一见钟情，因为他有着一双漂亮的蓝眼睛。她想尽一切办法接近他，向他示好。为此，她厚颜“倒贴”！不过，敢于主动争取的人才是真正自信满满之人啊！如是自信，所以她的爱不卑微、不廉价、不低贱。但是自己喜欢的布莱斯表面欢迎她，实际上却有不少小动作，对于朱莉送给他的鸡蛋，他表面客气收下，背地里却偷偷丢掉；面对嘲笑朱莉和朱莉家人的同学，他不敢反抗，甚至点头附和，这让朱莉彻底伤了心。她有自己的原则与底线，当那份纯粹的爱意一步步被布莱斯轻视与伤害，她逐步收回了自己的爱，选择离开。爱如此珍贵，怎能予人践踏？

男主视角：懦弱的“我”口不对心

布莱斯从一开始就很排斥朱莉，觉得她太有侵入感，不请自来，让他感觉被掌控和冒犯。朱莉一看到布莱斯就扑过去！试想，任谁看到这样的女生都会退缩、恐惧吧？何况是一贯胆怯的布莱斯。

布莱斯出生时就经历了创伤，脐带绕颈，差点窒息。或许这是造成他性格懦弱的原因之一。一方面，出生的创伤让他特别害怕窒息的感觉，朱莉的爱让他觉得窒息，所以他拼命躲避。另一方面，布莱斯什么都被这个女孩比下去，学习不如她，动手能力不如她，爬树都不如她！在这样全能的女孩面前，男孩一般是会自卑的，自卑让他选择远离她——她的存在让自己感觉太糟糕了！

由于懦弱，布莱斯做了很多蠢事，且步步升级。当朱莉苦苦请求他一同捍卫苍天古木时，他选择撤退；当家人害怕朱莉的鸡蛋有病毒让他送回时，他选择欺瞒；当好友评论朱莉家有智障基因时，他选择附和。由于懦弱，他的防御机制是“反向形成”（反向形成是指一个人的情感体验与所表现出来的行为是相反的），虽排斥朱莉，但布莱斯的内疚与心虚让他表现得反倒像是欢迎她——从小学到初中；由于懦弱，他“被动攻击”，不想要鸡蛋，但不敢当面拒绝，反而是每天先顺从地收下，然后在背地里偷偷丢掉——整整两年之久；由于懦弱，他“身心分裂”，好友嘲笑朱莉，他虽痛恨至极，想痛揍对方，但身体却毫无反击，甚至和颜悦色、点头称是——这是压死朱莉的最后一根稻草。“反向”“被动”“分裂”这些都是弱者的法宝，可如此敢想不敢做、敢做不敢当，当真相大白时，不想伤害朱莉的他，却让朱莉受到了更大的伤害。

而当朱莉一步步远离自己，布莱斯才开始真正关注这个一直关注着自己的女孩。这一关注就一发不可收拾，朱莉原来是个“宝藏女孩”！

分析：因为“被爱”所以“敢爱”

不是每一个采取“先扬后抑”“先即后离”“先近后疏”这样策略的人都能成功地引起心仪之人的关注。最重要的是这个人得有吸引人的品质。朱莉的美好品质在于满满的生命力和安全感，她心中有爱，勇敢追爱，也可以在爱而无果时洒脱放手，不因被嘲笑而自我贬低，不因被拒绝而自我轻贱，只因她从小就知道，这个世界有很多东西比爱情更重要，对男孩的喜欢只是她“爱”的一部分，或者说是内心大爱的投射，爱男孩只是她爱生活、爱世界的一种表现。

朱莉的美好品质源于温馨的家庭氛围和民主开明的家庭教育。朱莉一家充满爱心和生活情趣，一家人无话不谈，无论什么想法和行为都被允许。父母很尊重孩子，不轻易在孩子面前争吵，争吵过后也会去跟孩子谈心、和解。爸爸在意孩子的感受，不管是多么微不足道，都会记在心上（比如养狗），付诸行动。爸爸教给朱莉的永远是让她透过现象看本质、看全貌，告诉朱莉“整体大于部分之和”，要做一个深刻而非肤浅的人，做一个有爱而非冷漠的人。在朱莉深爱的大树被砍倒后，爸爸为她画了一棵树来陪伴她，让她永远保存在树上的感觉。爸爸注重对女儿的精神养育，让她精神富足，而这样富养出来的女儿必然是有独立之思想、自信之情感、自由之梦想的女孩。她自小就养成了安全型的依恋模式，长大了在感情上也延续着这种模式。她并没有因为自己家庭不富裕而有任何的自卑，她也并没有因为自己有一个智障叔叔而有任何的低劣感。

朱莉洞悉生命本质，对生命有不竭的热情，从小就知道什么更重要，什么更珍贵，她的内在安定充实，充满希望与力量，这样的人最终会赢得他人的欣赏与珍重。

安全型人的爱情写真：人间温暖小太阳

鲍尔比认为："我们与他人的亲密依恋关系构成了一个人生活的核心，我们是通过这些依恋关系来获得力量的。"这里所说的"力量"其实是我们每个人都会经常提到的一种重要感受——安全感。安全型依恋者正是可以稳定地向伴侣提供这种安全感的一群人。安全型依恋是一种健康、积极的人际关系模式，安全型人乐于与人建立亲近的关系，既能悦纳自己，也能接纳他人。

安全型依恋者如同温暖的小太阳，对他们来说，发展亲密关系是一种很自然、很舒适的事情，温暖和爱是能自然获得的，他们对自己有信心，也容易对他人产生信任。安全型依恋主要呈现出三个方面的特征：一是自我认知方面，这种类型的人自认是有价值的、值得被爱的；二是对他人认知方面，认为他人是值得信赖和投入的，在人际相处中懂得回应；三是依赖程度方面，安全型依恋的依赖等级较低，能从内心世界与外在世界的真诚互动中建立自我价值和亲密关系体验，具备"双引擎"驱动。

相信自己是值得被爱的

安全型依恋者认为自己是值得被爱的，他人也是值得爱和信任的。他们认为自己是友好、善良和可爱的，也普遍认为别人是友好、可靠和值得信赖的，相信自己足够好，也相信对方足够好，呈现出“我好——你也好”的心理脚本。他们对自己是满意与认可的，对他人也是欣赏与接纳的，因此，在遇到合适的人时，他们不害怕走进一段恋情，会欣然接受别人的爱，也会坦然地爱别人。他们可以给伴侣提供舒适的情感体验，更容易营造“稳稳的幸福”。研究发现，安全型依恋的成人对自己的爱情和人际关系感到很满意，他们也倾向于寻找一个具有同样安全型依恋潜质的爱人。对于关系，他们感到自信乐观，坚信关系可以持续长久。

安全型依恋者不论在一般人际关系中还是在亲密关系中都会表现出自信与信任，既不会被爱冲昏头脑，也不会回避亲密感，与人相处舒服自然。他们从内到外喜欢和伴侣的亲密关系，不会去掩饰恋爱状况，也不会太过于敏感。他们愿意亲近伴侣，也能保持独立，总是放心地依赖他人和让别人依赖自己，为对方提供有效支持。他们不会经常担忧两人的关系，既不担心伴侣和自己过于亲密，挤压了个人空间，也不会过于担心对方会抛弃或减少对自己的爱，更不会因为对方的离开而陷入过度焦虑和痛苦中。安全型人擅长用弹性的方式应对生活中的各种压力，对自我及他人的认知更客观稳定。在亲密关系中，他们能够宽容接受另一半的小缺点，并且能够关爱和尊重对方。

小琳和小聪是恋人关系，两个人分隔两地，异地恋已经 3 年多了，但是感情还是很好。一开始的时候并没有那么好，相隔 1000 多公里的异地恋时常让小琳觉得没有安全感，所以她经常会对小聪发脾气：今天怪他没有打电话，明天怪他打电话太晚，等等。而面对女友的无理取闹，小聪总会忍让，也会很认真地解释自己的行程安排，并争取更多的机会去看望女友。他是这么觉得的：女友的“埋怨”正是爱他的表现，那么被责怪一下又有何妨呢？而对于女友身边出现的异性追求者，小聪也很少计较，她相信小琳对自己的爱，相信两人的感情是经得起考验的。假使小琳真被身边的异性追走了，他也能够很坦然地接受这一结果，尊重小琳的选择。逐渐地，小琳感到很被信任和被重视，他们虽然偶有小矛盾，但从不危及感情。

安全型人在人际中不怕发生冲突，对消极因素从不敏感，他们相信有足够的勇气可以克服困难，能够坦然面对进入深层关系后可能出现的不可避免的心痛；愿意相信对方，可以向对方展现自己脆弱的一面，他们相信敞开心扉不会带来伤害，不会为之煎熬；他们不会把爱情当成一场有输赢的游戏，不会使用心机试图操控对方，而是真诚与对方相处。在两人相爱的过程中，安全型人既尊重对方的需要，也不会放弃个人的追求，这也有助于两人的关系更加健康、持久与稳定，呈现出舒适的亲密状态。

真诚表达需求，善于和对方沟通

安全型依恋者可以真诚一致地表达，善于通过沟通解决矛盾与冲突。两个人在一起，更重要的是心意相通。因而，他们通常会坦诚地表达自己的需要和感受，如果他们觉得自己从对方身上获得了什么，或者为对方付出了什么，都能够真诚而直接地表达出来。他们会充分表达自己的态度，交流自己的想法，也能很好地尊重伴侣的边界，及时正面回应伴侣，而不会采取回避或退缩的态度。沟通时，他们会呈现出温和的交流态度，认真聆听伴侣的想法和意见，以商量的口吻而非粗暴的方式与伴侣交流，充分考虑对方的感受，去促成一致的意见或目标。最重要的是，他们把伴侣当作自己最信任的人，更愿意与伴侣进行深层次的情感交流，在深层的精神交流中增进彼此的感情。安全型人因为心底无私，才敢于表达自己的情绪与需要，甚至是脆弱的一面，也能如实展示。当和安全型伴侣在一起时，通常感觉特别踏实、稳定，充满安全感。

他们有很好的自尊感与自信感，对批评也不会很敏感，不会轻易把一些言行当作对个人的冒犯，所以当和伴侣出现冲突时，他们不会表现出很强的防御心，一言不合就大发雷霆或冷战。相反，他们能够好好解决问题，对于问题有很好的容忍度，同时能够通过沟通维系和促进关系。

小慧和男友在一起两年了，一开始她对恋爱不抱太大的期待，认为男生是靠不住的。但相处了一段时间后，她发现男友很可靠，善于沟通、守信重诺，凡事有交代，件件有着落，事事有回应，说什么时间打电话，就一定会打来，言行一致，答应小慧的事情从不会轻易失信。如果遇到没办法如期进行的情况，男友会提前告知她，同时提出另一个弥补的计划。对于自己做不到的事情，他也会认真解释。两个人闹矛盾了，他不会暴跳如雷或者沉默寡言，反而是保持情绪稳定，主动沟通，把事情讲清楚，不仅会真诚地告诉小慧自己的想法，也愿意倾听小慧的想法，两个人有商有量地一起解决问题。这给了小慧充分的安全感，两个人的关系良性发展，彼此之间越来越信任和亲密。

和安全型人刚开始在一起时，出于磨合，双方可能会发生一些矛盾、口角。但随着时间的推移，随着沟通和交流的畅通，双方的争吵会越来越少，甚至会变成某种默契，一个眼神、一句玩笑，都会让彼此感觉特别舒服。即使仍然会有冲突，但他们都会用温和而得体的方式去处理，而且在事后也会给对方一些建议和解释。这种方式像两人关系的润滑剂，促进彼此的关系更加和谐。

给予伴侣有力支持

安全型依恋者把彼此视为一个共同体，愿意支持伴侣。他们坚定地相信：亲密关系并不是一时的冲动与激情，而是包含着许多爱、义务和信任的内容。爱情的真谛是两人彼此心灵靠近 ，互通有无，因而他们会把对方的利益视为彼此共同的利益，毫无保留地支持伴侣。当伴侣出现困难或烦恼的时候，他们会适时地出现在对方身边，为对方提供一个宽厚的臂膀，给予对方安慰、鼓励与依靠。他们也能承接住伴侣的负面情绪，为伴侣提供安全感和高度的信任。而当他们自己情绪不佳时，如果伴侣表现出对自己的关心，他们也不会或冷淡或逃避，或转嫁负面情绪到伴侣身上，他们会欣然接受，并表达对伴侣的感激。面对冲突时，他们会表现得宽容大度，不会回避畏缩，也不会伤害或攻击对方，而是努力地平复双方的情绪，化解危机。这种正面良性的互动会让彼此感觉在一起非常舒服。

为了解伴侣间的互动情况，心理学家曾做过这样的一个真人实验，实验中，一批不同依恋类型的恋人或者夫妻被安排进入一个实验室，实验流程是假定所有女性都会进入一个有着危险电子装置的房间参与身体实验，也就是说在这个实验室内，她们可能会受到电击，以此测试她们的焦虑程度以及身体的反应。心理学家在双面镜后饶有兴趣地观察她们的伴侣表现，果真发现了不同——不同依恋类型的男性伴侣对待另一半的态度有着明显不同。其中：安全型的男伴给予了很多情感支持；而回避型的男人却什么都没有做，他们很难在这样的环境中向伴侣表达出关心和爱护。

这项实验表明，安全型人愿意照顾伴侣的感受，愿意帮助伴侣脱离不舒服、不安全的状况。和这样的伴侣在一起，我们通常能够体验到完全放松的感觉，而不会提心吊胆，不用担心一旦没做好就被指责、批评，或者一旦陷入困难就被抛弃；我们能感觉到被充分支持，充满幸福感，并希望能够与之共度一生。

给安全型人的爱情建议

如果你是安全型依恋者，那么恭喜你已经比大部分人幸运，你在亲密关系中已经赢在起跑线上，别人还在努力地学习如何处理亲密关系，你已具备天生的优势与能力，能快乐自如地与他人交往，能较为容易地与他人发展出轻松愉快的亲密关系。安全型人能从情感依恋中获得力量，但并不对此产生依赖，从而更好地经营自己的亲密关系，但更重要的是，当你成为一个安全型依恋者后，你就能从自己身上持续获得稳定的安全感。不过，世间没有绝对的“安全型”和“非安全型”，人也绝对不是简单的四种依恋类型就可以划分的，安全型内部也会表现出不同的状态。

明确安全型呈现多种形态

安全型依恋不是绝对的，并非固定画像，更像是一个变化的区间，受周围环境和亲密关系质量的直接影响，每个人的依恋类型大多是叠加的。安全型依恋简单来说，其实是能自控的焦虑型和能自知的回避型，可以呈现出不同的安全类型：

小张非常注重内心丰富的情感体验，他对于情感的需求非常强烈，渴望持久而真挚的情感，相信只有这样才能获得真正的快乐和满足感。但是他不会像焦虑型人那样面对感情惴惴不安，动不动方寸大乱。他通常能够很好地掌握自己充沛的情感，了解自己的情感需求，有较好的情感控制能力，也勇于接纳和表达自己丰富的情感，不至于出现精神内耗。

小李是一个头脑机灵的年轻人。他对个人发展非常重视，而对深层的情感需求相对较少，更喜欢维持简单和松散的亲密关系。因为他清楚知道自己和对方的恋爱特点，知道哪些优点吸引对方，对方有哪些优点吸引自己，所以他可以轻松地开始和结束亲密关系。由于他对情感的需求较少，所以他对疏离型人和恐惧型人的反应比较洒脱，不至于患得患失。对于需要较多关怀的焦虑型恋人，他通常没有耐心，如果感觉一段感情不合适，他就会及时停止，转身离开。

周明是一个非常理性和务实的人。他非常注重自己的利益和成就，而情感需求相对较少。由于他的能力很强，他通常会选择和能够匹敌自己的人交往，而对于不那么优秀的人，他会有点懒得交流。因此，他对于其他不同依恋类型的人，不论是疏离型人、焦虑型人，还是恐惧型人，都看得很开，情感上能够自给自足。

以上三种都属于安全型依恋者，却表现出不同的情感需要和依恋特点，分别表现为情感丰富型、情感独立型、理性色彩型。第一种类型与焦虑型比较合拍，非极端表现的焦虑型依恋者会在这类人的坦诚沟通中获得安全感。第二种与疏离型依恋者更合拍，相互之间都不需要强烈的情感依赖，可以更轻松自由地做自己。第三种类型与恐惧型依恋者更合拍，后者可以从中获得精神、能力上更多的支持。

总的来说，虽然不同的安全型依恋者可能存在一定的差别，但不会像非安全型依恋者那样在自身与外界关系的能力上明显失衡，所以不会表现出很强的依赖性、占有欲和攻击性，他们的共同点就是有着很好的内外平衡机制与心态，他们也能从他人和环境中直接或间接获取动力，但即使没有这些资源，他们也可以做到自洽，保持积极和惬意的状态。

正视弱点，表达需求

从以上的案例也可以看出，安全型依恋虽然是大家追求的“理想型”，但并非完美，也有需要提升与注意的地方。安全型人同样是普通人，具备大家普遍存在的问题，区别只在于程度。作为安全依恋者，你需要注意以下几点：

第一，适当表现自己的情绪波动。由于安全型人情绪一般都比较稳定，能够自我满足，一部分安全型人对于感情的需要没有那么强烈，情绪、情感的表达也不会那么浓烈，通常能够保持情绪的平和与稳定。即使在恋爱中，各种小心思、小情绪都较少，好像没有什么会刺激到你，想让你偶尔激动或者拈酸吃醋都不容易，甚至闹分手的时候都表现得大方得体，看上去很完美，但有时候让人感到很无趣、很没劲。这种好，让人感觉很不真实，甚至让对方怀疑你是否真的爱他 / 她。的确，人一旦投入感情，怎么可能那么淡定与从容？有时候适当表现出焦虑、痛苦、纠结，发点小脾气、耍点小性子，才更加真实与可爱，可以为这段感情增添情趣，为彼此的生活增加动人的小插曲。有的时候，你的情绪和人格并不需要那么完满，有点小缺陷才更让感情跌宕起伏、牵动人心。情绪调动是一种能力，情感需要一定的张力，假设一直稳稳当当、一成不变，很容易转入平淡期。爱情不是友情，会让人牵肠挂肚、辗转反侧，相思之苦、猜测之恼，这正是爱情的魔力所在。

第二，关照自己的情感需要。每个人都有自己的情感需要，虽然安全型依恋者人格相对完整，无明显缺失，但不代表你在感情中就要一直扮演付出者和供给方的角色。请不要否认自己对爱与信任的需要，我们每个人都需要它们。就像我们不能因为别人物质富裕就要求别人多捐钱一样，我们也不能因为别人精神富足就要求他们一味付出与给予。安全型人也需要被爱、被关心、被呵护，也需要被理解、被尊重、被认可。这些基本需要都得不到满足的话，安全型人也会失望和受伤，也会想要放弃感情。作为安全型依恋者，请在关爱对方的同时，也给自己多点关照。

此外，千万不要以为安全型就是尽善尽美的，你也有生活的烦恼和不易，也会出现情绪失调，在这个时候，你也需要伴侣及时关怀和慰问，给予你拥抱和支持，协助你一起面对和解决问题，就像你当时无条件支持对方一般；安全型人也会对感情有所顾虑，也会存在一定的分离焦虑，这时也要和对方多正面沟通和直抒胸臆，表达自己的烦恼，与对方进行良性互动。

第三，善于识别其他模式，避免入坑，及时止损。对你而言，爱情是很珍贵的，是令人敬畏的，需要用真情实意和长久承诺去经营和维护。真心错付会给你带来很大的伤害，甚至彻底改变你的依恋类型，颠覆你对亲密关系的看法。所以遇到良人对你来说相当重要。当你在一开始做选择时，就要尽早发现不适合的蛛丝马迹，善于识别自己的情感需要和对方的依恋类型。如果不合适，可以尽早放弃，无须浪费自己的时间和精力。从交往第一天起，你就要真实表达自己的感受。如果伴侣给你难堪，指责你、贬低你，千万不要觉得是自己的错，不要向内归因，很可能是对方需要用打压你和攻击你的方式来维持自尊。如果对方伤害你的感情，你要告诉自己，这是他 / 她的问题，不是你的问题，你是值得尊重和被爱的。

很多时候，我们献上真挚的情感，却遇人不淑，这是因为当时我们的经历有限，无法认识到这是对方的问题，而给自己造成某种心灵伤害。安全型人要避免他人因强烈的情绪需要对自己产生情感勒索，或者因对方无止境的“作”和“闹”而让自己产生精神疲惫，或者因对方淡薄的情绪表达而产生自我怀疑。有些人，你是“带不动”的，他们不会跟上你的脚步，与你一同进步，共同成长，反倒用自己巨大的负面能量和人格缺陷将你拉到他们所在的那一个层次。总是把感情拖入痛苦的拉锯战中，安全型人也会心神疲惫，最终离去。所以，你要学习一些恋爱心理的知识，善于识人，规避风险，当发现不妥时，也要充分发挥安全型依恋者的优势，潇洒转身。

做好不安全类型的榜样

安全型人是其他所有非安全型依恋人士学习的榜样。也就是说，安全型人可以在感情中相应地承担部分榜样引领的责任，为两人的爱情奠定基调，给对方做一个引导和示范，彼此携手，共同进步，让爱情实现良性循环。具体包括以下几点：

第一，充分支持伴侣。安全型依恋者关心伴侣的感受，能在对方需要的时候及时提供帮助，让对方感到你是他/她最重要的支持力量，这是疏离型人或恐惧型人最需要学习的行为，焦虑型人他们通常不懂表达支持和鼓励，在伴侣最需要自己的时候，通常选择消失或躲避。

第二，不干涉伴侣。无论对方做什么决定，安全型人都会给予对方有力的支持，这是焦虑型人最需要学习的行为，他们通常有很强的占有欲，有控制他人、强迫对方给予的倾向。

第三，不玩感情游戏。安全型人对待感情认真，不会故意忽冷忽热、若即若离，或做些越轨的事让对方气恼，这是恐惧型人最需要学习的行为，恐惧型人容易表里不一，内心十二分在乎，表现出来的却是指责与伤害，与内心背道而驰。

第四，积极沟通交流。安全型人注重和他人建立良好的沟通模式，愿意与伴侣坦诚相见，真诚勇敢地袒露心声，这是疏离型人和恐惧型人最需要学习的行为。安全型人在争吵时懂得照顾到伴侣的感受，聚焦于眼前的问题，不翻旧账，不攻击对方的人品，以平和冷静的态度去处理分歧、解决问题。这种相处模式也是所有非安全型依恋者学习的终极目标行为，学会尊重和关爱彼此，学会良性沟通，让彼此在交流中不断增进了解，不断加深感情。

当然，我们需要意识到，成为安全型依恋者很值得庆幸，在周围人还在修复童年创伤、在爱情的苦海中挣扎时，你已经可以在爱情的海洋里徜徉了。更重要的是，你可以有更多的时间与精力去创造，去探索，去认识世界、改造世界了。人们只有内在的安全感满满时，才能离开熟悉与舒适的环境去勇敢探索世界。但如果你暂时还不是安全型，也不用过于焦虑和着急，你可以有意识地进行自我觉察，然后加强自我修养与自我调整。心理学家莱文不赞成在没有充分的自我觉察之前就“纠正”自己的依恋类型，当我们努力梳理自己童年的不良经历，努力地提升自我的安全感和自我价值感后，那么拥有“安全型依恋”的品质就会水到渠成。

如何与安全型爱人相处

安全型依恋者的特性使得他们成为恋爱的绝佳人选，他们比焦虑型人更自由，比疏离型人更温暖，比恐惧型人更舒展。如果还没有恋爱，找一个安全型的爱人是最好的选择。无论我们的依恋方式属于哪一种，安全型人作为伴侣对于我们来说都是件好事。心理学研究发现，当我们进入一个安全、持久的亲密关系中时，我们的依恋类型就会有所改变。即使童年时期我们的爱与信任是匮乏的，身处在爱与信任的亲密关系中也可能给我们的人格状态和亲密交往带来新的气象，让我们获得安全感与幸福感。

破除对安全型依恋者的误解

安全型人通常会给伴侣带来“暖暖的爱”和“稳稳的幸福”，与之相处，我们都会趋向快乐与安全。然而，安全型依恋并不是万能的，与安全型伴侣相处时，务必要破除几个误区。

误区 1：“安全型爱人一定可以拯救我”

安全型伴侣虽然可以给予我们充分的关注与安全感，填补我们内心的爱的缺失，但他们并不是一个永不干涸的水井，可以无穷尽地为我们提供所需的爱的源泉。如果我们每时每刻都希望从伴侣身上攫取安全感，时常处在高频率、高水平的负面情绪中，伴侣也会感受到一种巨大的压力，以致最终心力交瘁，再也付出不了。安全型爱人不是“圣母”，也没有义务充当他人的拯救者。他们是一个个活生生的个体，也有基本的情感需要，也需要爱与能量的补给。我们每个人都将需为自己的言行负责，而不是将所有的希望都寄托在他人身上，视他人如救命稻草，否则会放弃自我责任，阻碍自我成长，让自己形成强烈的依赖感，同时也容易导致双方的关系陷入病态共生的恶劣状态中，感情也很难维持下去。如果我们有幸拥有了美满的亲密关系，并认为这是理所应当的，身在福中不知福，是一件非常危险的事情，非常不利于亲密关系的后续发展。

误区 2：“安全型依恋无懈可击”

很多恐惧型和疏离型依恋者认为自己之所以在关系中如履薄冰，全都是因为自己“不健康、不健全”的依恋模式。然而，研究发现，安全型也并不意味着“完美无缺”，就像我们前文所描述的那样，安全型依恋的人在进入亲密关系之后，也会遇到困难和困惑，也会出现情绪波动，甚至偶尔也会用回避或过分索取的策略来获得伴侣的关注。当他们脆弱的时候，也需要被理解与关心，也需要伴侣的支持与帮助，而不是一方一味地给，一方一味地取。我们在感情中不能挑战对方的底线，不要总是让对方去猜、动不动冷战或者失联，不要总是掩饰自己的爱或者回避对方的爱。此外，如果你是焦虑水平较高的伴侣，你的表现可能会激活安全型人身上的不安全感，久而久之他们也会呈现出焦虑的特征。另外，如果一个人只是从自我角度出发，只在意自己的感受而忽视伴侣的需要，那么这段感情也将难以持续。

误区3："非安全依恋类型没资格恋爱"

很多人由于受到早年经历或原生家庭的影响，未形成完整的人格与稳定的情绪，以至于成为"非安全依恋类型"，也因此，他们内心存在某种自卑感，认为他们不配进入亲密关系，不配拥有幸福的爱情，认为他们只会在感情中不断折磨彼此，而不懂得良性互动，最终把双方都折磨得筋疲力尽，断送一段美好的感情。请记住，这并不是事实，非安全型依恋者同样拥有追求幸福的权利，同样可以在不断努力中获得安全与幸福。而且，这些看似"不健康"的依恋模式是由于自身经历而形成的独特的防御机制，在某些时刻可有效地帮助我们抵抗伤害。每个人首先要做的是接纳自己的依恋类型，减少自我否定带来的精神内耗，拥有更良好的情绪状态才能更好地经营亲密关系。任何一种依恋类型，都有可能建立安全和健康的亲密关系。**我们要擦亮眼睛，学会认清自己和对方，尤其是认清我们在爱情中的需要及满足需要的条件，学会理清生命中不清晰的关系，**努力做出适当的改变，把自己的亲密依恋模式导向安全型，最终收获甜蜜、舒适的感情。

把握安全型爱人的情感需要

安全型人也有亲密需要和情感需要，我们与安全型伴侣相处，务必要了解对方的情感需求特点，给予对方温暖和支持，这里说的“支持”是指我们能提供给伴侣的帮助和鼓励。支持可以分为三类：感情支持，表现为关爱、接纳和安慰等形式；建议支持，表现为咨询和指导等形式；物质支持，表现为资金等物质形式。在他们需要的时候，我们可以从这三个方面提供支持。如果安全型伴侣渴望有一个定期取暖的安全基地，当他 / 她有压力时，我们可以给予真实的问候和关怀；当对方需要时，我们可以给他 / 她一个温柔的港湾，提供一个安稳的环境，为他 / 她的工作和努力提供幕后支持和良好氛围。此时如果自己有些不舒服的地方，也需要提高容忍度，而不是在关键的时候给对方增加来自关系的压力。你给予安全型人的温暖与支持，他 / 她会同样或加倍回馈你。

有心理学家开展了一项实验，追踪了 69 位在恋爱关系中的参与者半年后的关系状况，发现安全依恋者对伴侣的承诺感与分手率会随着伴侣给予的支持是否能满足其需求而有所变动。也就是说，我们不能想当然地认为安全型恋人会一直留在我们身边而有恃无恐。我们需要和对方多沟通，让对方了解你所做的哪些事情是在为这段关系努力。事实上，不论是哪一种依恋类型的人，都可以通过增加对伴侣支持行为的了解，提升关系满意度。

坦然接受安全型伴侣的爱

在婚恋中，一般存在两种价值取向——共享价值观和交换价值观。前者指在婚恋双方中，我们会在对方需要自己的时候，尽己所能地提供帮助，而受到帮助的一方不需要觉得有什么亏欠。后者指在一段亲密关系中要求公平，当对方为自己付出的时候，接受付出的一方也要等值地回报对方。安全型依恋者更多秉持共享的价值观，并认为伴侣也是如此，所以与安全型伴侣相处时，我们可以坦荡地让对方为自己付出，坦然地接受伴侣的爱，而无须觉得内疚不安，并急于回报。

安全型伴侣觉得能够为伴侣付出是一种巨大的荣幸与幸福，这是自己在关系中的一种价值体现，充满了意义。他们需要的不是伴侣的内疚与回报，而是愉快接受。如果伴侣因为“受不起”而拒绝，反倒会让他们感觉到不被接纳，倍受挫折。只要我们能够承认和看见对方的付出，安全型伴侣就已经十分满足。因而，你应珍惜这来之不易的福分，学会更好地留意生活的幸福点滴，欣然接受并心存感激，这样既承认了对方的付出，为对方提供了强大的价值认可，也减少了他 / 她付出的代价，也会激发对方进一步为感情投资。当对方在继续为你和这段关系努力时，他 / 她能得到更多快乐，而你的心情和主观幸福感也会有改善。

设置适当的边界

安全型伴侣在感情中能够把握分寸，不过分亲昵，也不过于疏离，亲密有间，张弛有度，有着清晰的边界感。因此，你需要清楚自己和对方所需要的私人空间大小，确定好个人的边界和底线，不仅要维护个人的边界，也要尊重对方的选择以及生活方式。**设置边界不是对关系的拒绝，而是对关系的保护。**边界并不是疏远，而是保持一个相对舒适的距离，保持关系的良性互动。好的关系不是彼此共生捆绑、相爱相杀，而是在爱的滋养下，彼此都能拥有独立的人格和独立的精神，都能经营好各自的生活。如果在某个点上，双方无法达成一致，那就大胆地表明自己的感受、想法和期望。可以分享彼此的喜好和兴趣，可以分享双方的需求，包括但不局限于：什么样的亲密程度对彼此来说是舒适的，什么时候彼此需要独处，哪些东西或原则对彼此来说非常重要，等等。

任何打着“爱”的名义，打着“为你好”的旗帜，打着“缺乏安全感”的招牌去控制、要求、评判和索取对方的行为都是对边界的侵犯和逾越。我们要给予彼此保持独立自我的机会，要相信每个人都有能力和资格去经营好自己的生活。我们要允许对方完成自己的事情，不要插手对方的事，指手画脚。过多的干涉与指导，会伤害他们的自尊心和自信心，同时妨碍他们的自我发展。我们需要做的就是鼓励和认可对方，让对方勇敢地去追求自己的事业或爱好，在对方需要的时候也可以适当给予建议和帮助。

当我们掌握一定的方法，学会根据自己的需要和安全型伴侣的需要来与对方进行相处和互动时，定能更好地与对方维持亲密关系，在给予对方愉悦的同时，也给予自己安全感。同时，在彼此的相知相爱中，我们会认清彼此在爱情中的真实需求，学会高质量地相处。当然，亲密关系不是安全感的唯一来源，安全感也可以通过自我觉察和自我关照的方式获得。如果你暂时没有找到安全型伴侣的话，也可以试着让自己成为那个安全型的伴侣。

拓展阅读

勇敢追爱，“偏要勉强”的赵敏

赵敏，是金庸武侠小说《倚天屠龙记》中的女主角之一，本名敏敏·特穆尔，乃汝阳王察罕特穆尔之女，封号绍敏郡主。赵敏容色艳丽不可方物，同时雍容华贵，自有一副端严之致，令人肃然起敬，不敢逼视。她生为女儿身，曾期许自己能创一番大事业，奉命剿灭反贼，下毒囚禁六大门派于万安寺，自从绿柳山庄事件后，对敌军首领张无忌一往情深。她敢爱敢恨、为爱奋不顾身，于荒岛之上被周芷若嫁祸（杀张无忌表妹殷离，偷取屠龙刀、倚天剑），濠州婚礼上以谢逊毛发带走张无忌，此后放弃荣华富贵和郡主的身份，为爱追随张无忌。最后，张无忌辞去明教教主之位，与赵敏退隐江湖。

安全型的赵敏就像个热烈的小太阳，哪怕身边情敌环伺，和张无忌政治上是死敌，哪怕所有人都反对她和张无忌在一起，哪怕受尽委屈，被人叫作“妖女”，她都始终相信只要张无忌是爱她的，所有这些都不重要。她没有怀疑，没有焦虑，勇敢追爱，善于沟通协调，一一化解爱情道路上的障碍和难题。

主动争取，相信对方值得去爱

在张无忌和赵敏的这段感情里，张无忌对感情摇摆不定，由始至终都是赵敏在主动争取。赵敏的追爱过程相当不易，她既要面对张无忌身边层出不穷的美女爱慕者，又要应付两方阵营无法调和的蒙汉敌对局面，最主要的是还要面对张无忌的优柔寡断、朝三暮四。她义无反顾地选择张无忌，然而张无忌却从未坚定地选择过她。从小失去双亲的张无忌对于亲密关系是被动的，对于漂亮女人是怀疑的，深信母亲临终前对他说的话——“越好看的女人越是会骗人”，再加上立场不同，让他对赵敏一直缺乏信任感，想靠近又害怕被欺骗。最终，是赵敏的那份执着与热烈，那份勇敢与牺牲，打动了张无忌，让他看到赵敏的真心与决心，从而遵从本心选择深爱的赵敏。当张无忌对周芷若说出心里话，“我对你一向敬重，对殷家表妹心生感激，对小昭是意存怜惜，但对赵姑娘却……却是铭心刻骨的相爱”时，赵敏值了，这是她自己争取来的爱，她值得！

那么，面对如此困难重重的爱，赵敏是如何做到始终如一、坚持到底的呢？

当然，首先少不了她对张无忌其人的确信，除了张无忌看得见的高超武艺，她能看到张无忌的本性之善、品质之优，她深信这个男人值得，值得自己去付出去争取。就像现在很多人提倡的：看到好男人就不要放过，哪怕竞争极大，也要勇敢去追求。更根本的是，赵敏本人对于爱情的拳拳赤子之心，对于心爱之人，哪怕披荆斩棘也要拿下。张无忌身边，无论是表妹蛛儿、圣女小昭还是青梅竹马的周芷若，都与张无忌有沾亲带故的关系优势，也深知张无忌的好，但她们一旦发现有更优秀的竞争对手，或自惭形秽或主动退出，多少都有些“不配得”的心态，只有赵敏勇往直前。

坚定不移，相信自己值得被爱

赵敏不仅认定自己的心爱之人，也始终相信自己的人格魅力，在对方心中占有重要的位置。且不说一路的坎坷之爱，便说当一切已成定局之际，在灵蛇岛上她被周芷若嫁祸、被张无忌误会，百口莫辩；返回中原，当得知张无忌即将与周芷若成婚时，她孤立无援，赵敏依然不卑不亢，动用智慧，寻思对策，手握撒手锏（狮王谢逊的金发），只身抢亲！当所有人都劝她死心吧，当范遥劝说郡主不要再勉强时，她却给出了最霸气的回应：“我偏要勉强！”

> 拜堂这日，见她来，明教二当家杨逍态度强硬，对她说道：“咱们今日宾主尽礼，赵姑娘务请自重。”嚣张跋扈，把统领江湖当作主要工作的绍敏郡主，自不是一两句话就能吓到的。她转身问明教三当家，自己的老部下范遥道：“苦大师，人家要对我动手，你帮不帮我？”范遥眉头一皱，说道：“郡主，世上不如意事十居八九，既已如此，也是勉强不来了。”
>
> 赵敏道：“我偏要勉强。”

这就是赵敏，有着最炙热与执拗的爱，有多少人面对铁定的结局仍然敢于抗争、敢于争取、敢于扭转全局？赵敏她敢！当然她敢于这么做的背后也是对这段感情的精准把握和对真相的执着追求。她和张无忌两人共同经历过生死，互诉过衷肠，她从心底相信张无忌是爱自己的。既然张无忌被假象所蒙蔽，既然张无忌不能敢爱敢为，那么就让自己去承担这个重任，哪怕承受世人的唾骂，哪怕顶着“妖女”的恶名，哪怕面临生命的危险，她也要制止这场建立在欺骗上的错误婚礼。

张无忌最终成功“逃婚”，涉及三种“义”——一是信义，二是孝义，三是情义。“信义”是他曾答应赵敏办好三件事，遵信守义、言出必行是大丈夫所为；而其中起关键作用的是“孝义”，只因救义父生死攸关、刻不容缓，这是第一大要义，其他任何事都可从长计议。在“信义”与“孝义”的双重责任下，也给了张无忌一个极好的理由，让他可以名正言顺地“逃婚”。而他逃婚的深层原因，是他内心深知自己钟爱之人并非周芷若，而是赵敏，赵敏才是他“情义”之所系。

> 不知如何，张无忌此刻心中甚感喜乐，除挂念谢逊安危外，比之将要与周芷若拜堂成亲那时更加平安舒畅，到底是什么原因，却也说不上来，然而要他承认欢喜赵敏搅坏了喜事，可又说不出口。

安全感是内在驱动力

赵敏之所以能够大胆认爱、勇敢追爱，其根源在于她内心满满的安全感与价值感。她自小便是元朝郡主，颇受宠爱，在物质和精神都富足的环境里长大，属于富养的女儿，具备安全型的依恋模式。她内心富足与自信，她坚信自己足够美好、足够真诚，坚信自己终会赢得对方的爱，所以，哪怕所有人都劝她放弃，她仍然锲而不舍。

内在的安全感是赵敏的底气与底色，在与张无忌的相处中，她不需要对方一遍遍地赌咒发誓，不会因为对方身边美女如云而吃醋、“作”、闹，不会因为两人在对立面而忸怩作态，也不会因为致命误解而心灰意冷，更不会因为得不到而大动肝火、恩断义绝，她会寻找机会力证个人清白，她会“以德报怨”地帮助爱人解决难题，她愿意为爱人改变自己的身份地位和政治立场。只因她内心是充盈的，她有足够的爱去输出，她有足够的能量去滋养他人；只因她内心是笃定的，任何遭遇都无法改变她对爱、对爱人的信心与信念；只因她的内心是完满的，任何挫折与打击都无法影响她的自我价值。按理说，赵敏其实是一名超级“恋爱脑”，一直为爱而战，但与焦虑型人不同的是，她绝不惨惨戚戚，绝不自怨自艾，始终保持自尊自信、阳光独立、自我负责，所以张无忌与她相处起来比较轻松、舒适与愉悦，在她身上找到了渴望已久的生命力与安全感。

谁都渴望自己是那个偏爱与唯一，赵敏真的是满足了对方！幸运如张无忌，今生何求？！

第七章 不同依恋类型的伴侣沟通技巧

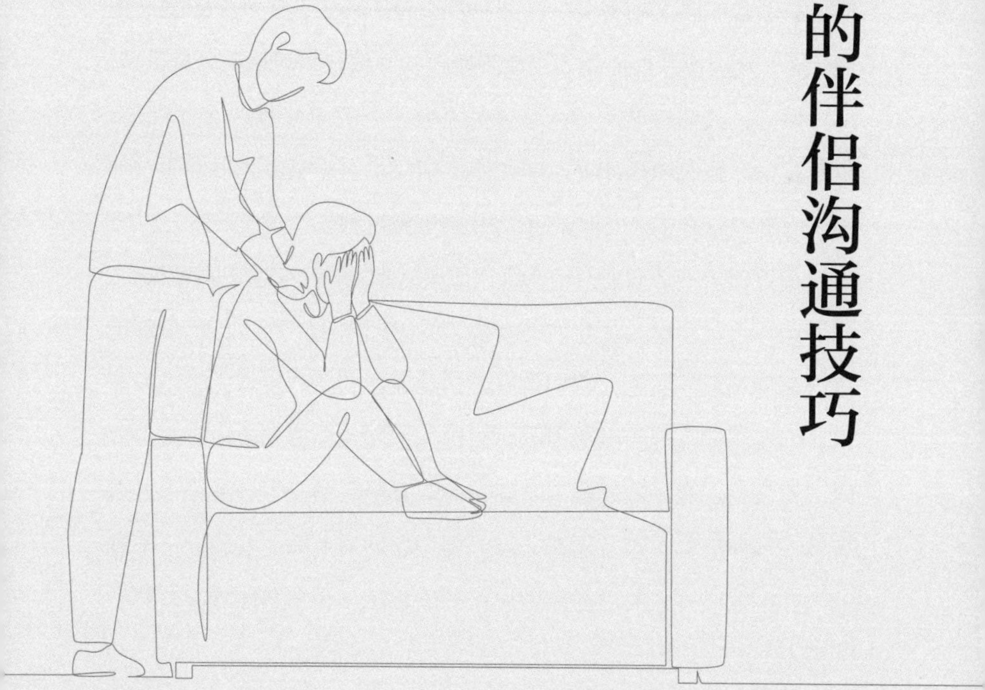

不论你是哪种依恋类型，我们在经营亲密关系的过程中都会面临沟通的问题，如何与伴侣进行沟通、建立默契，是每个人都要学习的重要内容。

请好好沟通吧

相爱容易相处难，这是爱情中常见的真实写照。无论我们属于哪种依恋类型，要想与伴侣建立更好的相伴相依关系，良好的沟通是至关重要的。虽然在感情中的许多情境下，我们可能能够轻松地应对和交流，但一旦遇到矛盾和冲突，我们往往陷入迷茫，不知所措。有时我们会大动干戈，激烈争吵；有时我们选择消极回避，逃避问题；还有时我们可能完全崩溃抓狂，导致彼此的关系陷入僵局。

然而，我们应该明白，亲密关系并不是完全没有冲突存在的，也不是为了彻底消除冲突而存在的。相反，它需要双方学会通过积极正面的沟通方式来处理矛盾，并共同解决问题。

在处理矛盾的过程中，我们可以通过倾听和表达来加强沟通。倾听意味着真正地关注对方的言辞、情感和需求，而不是仅仅等待自己表达观点的机会；我们也应该学会表达自己的观点、感受和需求，但要注意以温和而尊重的方式进行，避免指责和攻击对方。同时，积极寻求建设性的解决方案，让双方最终站在同一战线上，是有效处理冲突的关键。还有一点需要注意的是，即使我们处于不同的依恋模式中，也要尽力理解彼此的情感特点和真实需求，并灵活适应。

良好的沟通是建立健康亲密关系的基石，通过努力学习和实践沟通技巧，我们可以在爱情的道路上走得更远，并与伴侣共同成长、幸福相伴。

表达自己在关系中的需求

非安全型依恋是以防御性的姿态或不能够整合与依恋经历有关的各种信息为特征的，这会导致个体与他人之间沟通不畅、对他人抱有消极期待以及自我功能出现问题；而安全型依恋是以个体能够流畅地表达与依恋相关的经历和情感为特征的。安全型依恋者能更加清晰地表达自己在关系中的需求，更加准确地处理与伴侣之间的冲突与问题，这正是有效沟通的表现之一。我们需要向安全型人学习如何表达自己的需求。

认清自身的情感需求

沟通是情感需求的表达和交流，尽可能清晰明了地表达自己的态度和想法，才能促进伴侣间的准确沟通。而表达的前提是觉知，是清晰地了解彼此双方的情绪需要。为了更好满足彼此的需求，第一步需要明确彼此的需要与感受。当我们知己知彼，知道自己在感情中要什么、不要什么，什么能让自己开心、快乐，什么会使自己生气、难受时，我们就能遵从内心，准确发声，做出有利于自己的决定。

可以试着去写一个小小的自传，回忆自己过去的经历，并且重新审视过去的经历对自己的影响，从中发现自己是否有什么未被满足的需要，问一问自己：**“我在一段感情中需要什么？”**人在亲密关系中通常有三种需要：一是连接需要，这是以沟通、信任、支持或赞赏的形式进行联系的需要；二是身体需要，这是对身体亲密、性或安全的需要；第三是独立需要，即需要和对方保持一定的距离，拥有自己独立的空间。

认识到个人的情感需要是沟通交流的前提。但有时候，我们会不明原因地陷入负面情绪。所以，我们要尽早识别出那些引起自己不满的或未被满足的需求。建议坐下来，集中精神，思考自己到底需要什么，到底是什么困扰着自己。接着可以继续问问你自己：**“在这段关系中，我需要什么，却没有得到满足？”**

一旦确定了自己的需求，想清楚如何表达自己的想法后，就可以寻找和确定一个合适的时间、地点与伴侣进行沟通。要确保你们可以在没有干扰的情况下进行专注的对话，如果你在伴侣太累或正忙的时候去找他，他 / 她可能无法给予你全部的注意力。而如果你的伴侣不能给你全部的注意力，那么谈话很可能会不成功，你的需求也难以得到重视。

真诚直接地表达想法和需要

《关系的重建》一书中指出："安全的亲密关系，需要伴侣直截了当地表达各自的诉求，这样才能找到符合自己亲密需求的合适伴侣。"明确表达自己的需求至关重要，为了增进彼此的了解，我们需要开诚布公地沟通，清晰准确地表达内心的感受和需要。在日常相处中，我们的感受有些没有机会表达，而这很容易积压，导致自己生闷气，或者使问题悬而未决。所以，在能够表达个人感受的时候，就一定要明确地表达，进行正面沟通。对方只有了解了你的感受，才会倾听你的需求。感受和需要都是个体内在的东西，如果没有表现出来，对方很难猜出来，也就可能会误解你的言行，很难了解你真实的态度。如果对方不知道我们的具体需求，他们又如何能满足我们呢？反之也是如此，还有可能会引发新的问题。

真实表达与真诚沟通其实从选择伴侣的时候就开始发挥作用，可以帮助我们选择合适的伴侣，判断对方是不是适合自己的另一半。比如，我们可以针对某个人或某个事件，说出自己的感受和想法，听一听对方的反馈。如果对方能够聆听你的感受，同时也说出自己的想法，便是一次有效沟通，才可能在未来和你经常保持有效沟通。如果对方回避该话题，或者采取攻击性的方式来回答，就要慎重考虑这样的伴侣。

掌握表达方法

我们需要掌握通用的方法，清晰表达自己在关系中的需要。在有效的沟通中，我们要记住不可对伴侣做出主观评价，重在表明自己的感受（我的情绪），再表达需求（我的期待），告诉对方你因为什么感到不满足、不愉快，对方需要做什么才能让你的感受会好一点。为此，我们可以使用第一人称陈述来描述自己的感受，这也是心理学家们普遍倡导的有效沟通句式——以第一人称“我”字开头的陈述句。先以“我”引领句子，然后描述自己的情感反应，典型句式为**“我看到……（事实），我感到……（情绪），我希望……（期待）”**，形成**“描述事实—传达情绪—表达期待”**的三部曲，清晰地向对方表达自己的观点和想法。

当我们想说“你这人怎么这样？从不让我把话说完”时，不妨转变成“刚刚你打断了我的讲话，我感到有点生气，我希望以后你能先听完我的讲话”。后者可能会得到伴侣体贴、表达歉意的回应，而前者可能适得其反。“我”字句提到的是我们自己的感受和倾向，并不责备或者批评他人，是一种友好的非暴力的沟通方式。由于我们把话题指向自己，对方就不太会因为我们所说的话而觉得受到威胁，这就打开了协商与和解的大门。当伴侣的言行让自己感到不高兴时，“我”字句会描述伴侣对我们造成困扰的行为，描述我们的感受，还描述我们希望看到的另一种行为。我们可以说“我现在感到非常生气”而不是“你真的惹怒我了”，前者的句式能让我们识别自己的情绪，温和地点出问题所在，为进一步解决问题做好铺垫。

我们需要从自己与伴侣的互动中，发掘出深埋在潜意识里的限制观念。比如，当你不敢提要求时，你的限制观念可能是“我不配”“我不重要”；当你拒绝寻求帮助时，你的限制观念可能是“我孑然一身，无人可依靠”，等等。如果找到这些限制性的观念，并看到内心真实的需要，就能够更从容地表达出来——说出来，其实也没有那么可怕。我们与伴侣进行良性沟通，不但是为了拥有良好的亲密关系，还是为了正视自己，实现自我的成长与发展。

为何非安全型人很难沟通

有效沟通听起来简单，操作起来并不易，一般情况下，安全型依恋的人比较容易做到，而非安全型依恋者使用起来往往不是那么顺畅。安全型人有内在的自信，确信自己值得被爱，他们的大脑不会被负面情绪和念头所占据，一般能心平气和地表达自我；非安全型人表达起来就不是那么顺利了，他们由于内在不和谐而通常使用无效的沟通方式，以维持自己脆弱的自尊。

内心的不安感阻碍有效沟通

非安全型人内心存在一定的恐惧感或焦虑感，对于感情有强烈的不安全感，他们无法像安全型依恋者一样善用“表里一致”的沟通模式，这份表里一致是以内在自信为基础的，而非安全型人没有这份自信，容易藏着掖着，或者沟通时心口不一。很多时候他们不敢开口，其背后的观念往往是“我不行”“我不够好”“没有人会听我讲话”，等等。的确，只有具备基本的信任感和安全感，才能勇敢自如地表达内心真实的感受，才能不惧对方的目光，不怕对方拒绝。也只有内在存有满满的自信感和自尊感，才会尊重彼此的人格，不需要为了留住对方而刻意讨好，也不需要通过贬低对方来抬高自己。

两个非安全型的人在爱情中经常会互相试探：从表白开始就在等待对方开口，仿佛这是一场较量，先开口的人就输了比赛；在理应逐渐暴露内心需求的相处过程中也呈现这种状态，不直接说明，反而是旁敲侧击，一旦对方的行为不符合自己的期待，立刻就呈现出防御的姿态，或冷漠或愤怒，以掩饰自己真实的感情，保护自己不受伤害。

而一旦失望，他们会更倾向于采取激活或回避策略，或是通过“作”、闹的方式表现对亲密感和安慰的需求，或是通过冷暴力、“玩消失”而故作不在意，结果很有可能是永远失去了真正亲近爱人的机会。沟通方式不得当，伴侣不理会自己，其后果是非安全型人无从知道伴侣究竟是不在乎自己，还是被自己吓退了。

小菁在感情中总是缺少安全感，很渴望男友的关爱与陪伴，害怕对方不及时回应。因而一旦没有联系上男友，就会怀疑他不爱自己，甚至担心他有外遇，所以不停给男友打电话、发信息，陷入越联系不上就越疯狂联系的偏执中。最终，男方受不了太多无谓来电，想要和小菁分手。小菁很懵，不知道到底是什么造成了对方的不快，是自己的行为，是他认为和自己不合适，还是对方不爱自己。对此，小菁最终也不清楚答案。也就是说，对方到底在不在乎自己、愿不愿意倾听自己的心声、能不能给自己安全感都不得而知。

可见，非安全型人熟悉的这种不恰当的沟通方式对亲密关系的发展毫无裨益。非安全型人在与伴侣沟通中需提醒自己不要采取防御行为，要勇敢一点，坦诚告诉对方自己的需要和对于另一半的期待，告诉对方自己安全感不足，需要更多的关心，希望对方能够及时回应，等等。

严重内耗，影响正常表达

非安全型人通常有严重的精神内耗，而这种内耗的核心是负面信念，导致过度思考，容易钻牛角尖，陷入自我单一的视角，因为主观臆想而伤心、焦虑。比如，看不到自己的好，过分在意伴侣的评价，认为自己不值得被爱等。

过多的精神内耗会对关系产生不良影响。首先，心理内耗让个人产生疑虑、不信任等心态，从而与他人疏远，产生一种孤独感，难以与他人建立亲密的关系。其次，心理内耗会导致沟通障碍，在严重内耗的情况下，人的情绪很容易不稳定，以致影响沟通能力。再次，心理内耗使得个人的思维能力和判断力下降，不利于进行换位思考，从而容易引发亲密关系中的冲突。因此，非安全型依恋者通常有过多的顾虑和担忧，要么充满焦虑、患得患失，要么表现回避、畏畏缩缩，又担心自己表现不好，沟通能力有限，说也说不清楚，不知道如何正面表达自己，甚至一开口就得罪人或者点燃争吵的火苗，于是在“说与不说”“如何说”之间反复思考，不得要领，没有结论，可能最终还是选择不说，或者于沟通上呈现出遮遮掩掩、正话反说、词不达意或沉默不语等情况。

小军是一名焦虑型依恋者，他认为感情十分脆弱，随时都面临破裂的危险。带着这样的负性思维和严重内耗状态，小军很难在感情中清晰自如地表达自我。一旦发现感情出现矛盾或者冲突，他就很容易被负面情绪所充斥，思维变得狭隘，甚至出现偏差，容易出现悲观的绝对化信念。他的本意是想要和女友好好沟通，但传达出来的言行却经常充满指责，态度恶劣，比如“你一点儿都不关心我，你就是自顾着自己！”这类的攻击话语。女友被其言行举止吓到，与他渐行渐远。

非安全型人要学会放松身心，不要过多纠结于内心的矛盾，请相信交流是解决问题的最好方法，只有“打开窗户，阳光才会照进来”。试一试多与人倾诉，学会勇敢地向对方表达内心的顾虑，特别是通过正面的沟通与交流。

存在“读心术”思想

有效沟通要减少的一种思想就是“读心术”思想，即个体想当然地认为无须询问就能理解伴侣的思想、情感和观点，或者认为自己的情感和思想已经表现非常明显了，不需要额外解释，作为伴侣理应明白其所思所想。所有依恋类型的伴侣都会存在某种程度的“读心”，但非安全型人会表现得更为突出。一方面，他们不喜欢直抒胸臆，不擅长正面沟通，反倒喜欢让对方猜，用“读心术”来证明伴侣爱自己的程度，认为“我说了你才知道那不算什么”，希望伴侣“我不说你也知道”。他们等着对方去猜，猜不到，又会责怪对方不懂自己，两人间的矛盾与隔阂容易进一步加深。另一方面，他们也喜欢胡乱猜测对方，以挑剔和消极的方式“读”对方的心思，将自己内心负面的想法投射到对方身上，对方中性或积极的动机往往被他们解读为不怀好意。很多人一开口就会引发争吵，然而他们表达的并非事实，甚至也并非自己的真实感受，而是通过事件和经验来猜测对方的行为，并得出一个“对方是个很糟糕的人”的结论。在这样的曲解下，即使是不值一提的小问题也可能加剧不满，影响关系继续下去。

小倩为了与男友共度美好周末，花了很多钱点了外卖大餐，有鸡块、薯条、汉堡、玉米棒、鸡翅等。男友坐下来就开吃，因为比较饿，他快速地解决掉套餐里面的两包薯条，然后发现女友脸色不太好看。男友没多想，继续吃自己的。此时小倩不乐意了，冷冰冰地说了句：“你不知道我最爱吃薯条吗？你怎么一个人把薯条都吃了。”说完，小倩就不吃了，回到卧室生闷气去了。男友追过去哄，告诉她：“之前看到你都没有吃薯条，以为你不喜欢吃，所以我这次专门先吃的是你不喜欢吃的东西。”小倩不依不饶地说：“我不说我喜欢吃薯条，你难道不会问吗？我不说，你就不知道吗？我不说，你就不懂吗？”面对这样的“灵魂拷问”，男友也是十分尴尬，甚至觉得小倩有点无理取闹。我们谁也不是对方肚子里的蛔虫，该表达的时候还是需要说清楚，主动告诉对方或者提示对方也是一种尊重，同时，对方也能了解到自己真实的需要，更贴心地对待自己。

没有人生来就有成熟的依恋关系，也没有人生来就懂得如何与他人建立连接、进行有效沟通。在关系中我们可以允许自己暂时体验到不安全感，接纳自己原有的反应机制；我们也要相信自己可以逐渐转向安全型依恋，通过在一次次的摩擦与冲突中觉察自己的内在模式，不断试错、不断学习、不断成长。自我觉察的过程就是建立良好沟通的起点，正如一位心理学家所说：我们与他人建立亲密关系，是从发现自己是谁开始的。了解自己的内心需求后，再有的放矢地去修炼自己的沟通水平。下文将针对不同类型的非安全型人提供亲密关系中的沟通策略。

焦虑型人：大胆表明心意

小雨和小艳是大学时的恋人，毕业后，小雨找到了份不错的工作，但他的工作很忙，每天都要加班到很晚才能回家。而小艳却没有找到理想的工作，空闲时间比较多。小艳开始变得非常黏人，她总是在微信上向小雨发消息，问他在忙什么。一开始小雨会尽量回复小艳的消息，但随着工作压力越来越大，他不能总是和小艳聊天，这让小艳非常焦虑不安。她开始在和小雨说话的时候阴阳怪气，说什么“全世界就你是劳模”“你多能干啊，世界离了你就转不动”等。小雨也听不明白这里面想要表达的是什么，没有接茬。

渐渐地，小艳开始故意不和小雨说话，或者突然转身走开，把小雨晾在一边；她还故意不接小雨的电话，甚至不回复他的微信消息。小艳有时还和其他男生出游，告诉小雨有男生在暗恋她，让小雨吃醋。小雨感到很诧异，小雨很想知道她发生了什么事，但是小艳却装作很忙，这让小雨感到很失望和无奈。有一次，小艳因为小雨和女性同事吃饭而没有及时回复她的消息而大吼大叫，内心充满嫉妒，甚至开始提出分手，说："两个人在一起是错误的，你和别人在一起吧，我还是一个人过比较好。"小雨感到心痛，但是也无可奈何，两个人的关系已经变味。最终，小雨决定和小艳分手，而这也让小艳愈加愤怒和痛苦。

上述案例中的小艳是一名典型的焦虑型依恋者，对亲密关系有强烈的需求和依赖，需要另一半持续的情感确认和支持，在感情中呈现出非安全型依恋模式的特点。她总是害怕失去对方，总想黏着对方，但又害怕表达出来，在受挫后更是表现出"反向形成"的心理防御机制，明明在意，却表现得不在意，以掩饰自己的情感需要和脆弱自尊。她明明是想和伴侣靠近，想得到伴侣的重视，结果却用一些言语和行为将伴侣越推越远，伤害彼此。

作为焦虑型依恋者，想要与伴侣进行良性的沟通，需要做到以下几点：

学会觉察自己内心的真实意愿

只有你知道了自己内心深处的渴望是什么，这份渴望才有可能获得满足。人们在亲密关系中通常有以下这些渴望：获得安全感，被关爱，回应他人，与伴侣产生联结，相互重视并相互了解，表达真实的自己，自我认识和自我实现，等等，为了及时发掘渴望，你可以拿出纸和笔，以**"我想要……这样就能……"**来造句，如实记录下内心的感受。比如，“我想要对方能多一点时间给彼此相处，这样我就不会胡思乱想了，这样我就会有安全感了”“我想要对方每天都和我说晚安，这样就能让我更安心”，等等。你也可以问一问自己：“今天发生了哪些事情？我是否满意？我在意什么？我应该怎么做？我该怎么得体地表达出我的在意？”这可以让你看到自己的情感需要和依恋反应，以及注意到下次该如何去调整。

适当放低要求，不预设标准答案

因为喜欢很高的情感浓度和黏度，你觉得伴侣应该知你、懂你、无条件回应你。但事实上，每个人的性格都不一样，每个人的依恋类型不一样，你要允许对方有不同的爱的表达方式。当抛出一个话题的时候，不要先入为主地预设标准答案，一旦对方没有按照预设标准回答，就武断地判定对方不好、不爱你，并让自己陷入情绪漩涡中。也不要盯着伴侣一次或者少数几次不够热情与体贴的行为就求全责备，多去用心感受爱和体会爱，在对方表达爱的时候，自己也试着把内心的这份感激与感动表达出来，让对方知晓。

正面沟通，拒绝阴阳怪气

通过正面表达使对方明确自己的感受和需求，而不是阴阳怪气，正话反说，让人难受。你可以这样和伴侣进行正面沟通：“我知道你很忙，有时候会忘了回信息，但如果次数多了，我会感到自己没有受到重视，容易产生很多联想，把事情往糟糕的方向想，也会莫名生气，担心我和你的感情。如果你愿意，可以在忙的时候给我一个信号，这样我就知道你在忙，我也就能安心去做自己的事情了。在你忙完后，你也可以给我一个信息，这样我就会非常开心，也感到被重视。”借助这段话，我们既表达了个人的情感需要，也表达了对伴侣的期待，希望对方以后怎么做，自己会比较安心。这种明确的沟通会让伴侣得到确切的信息，从而也能够知道如何与你进行互动。

错误的表达：“你就是不在乎我，你只在乎你的工作！你是劳模啊！全世界就你最忙！你和工作一起过去吧！”

正确的表达：“亲爱的，你忙得没有任何回应的时候让我觉得很受冷落、不被在乎，下次你再忙的时候能否提前告诉我，这样我就不会胡思乱想，也会感觉很受尊重。”

我们不要害怕将内心的担忧和焦虑告知对方，学会大胆表明心意，一个真正爱你的人不会因为你内心的脆弱与不安就贬低和看轻你，反倒会因为你的这些小心思与小情绪觉得你真诚与可爱，感受到你的在意和在乎。对方会理解你的需要，接纳你内心的顾虑，并愿意配合你的期待，实现良性互动。遇见一份美好的感情实属不易，何不自我突破，挣脱自己厚重的盔甲去争取和维持一份来之不易的感情呢？

疏离型人：及时安抚伴侣

女孩小雪遇到了名叫小光的男生。小光是一个比较神秘的人，他总是和小雪保持一定的距离。小雪一开始并没有注意到这一点，反而觉得小光很有魅力，有种独特的吸引力，让她产生一种追逐的欲望。最开始两人感情正在发展的时候，小光也会问候小雪，偶尔会送一些小礼物。但是，小雪很快就发现了小光的问题。他总是拿小雪和他的前女友相比较，给小雪的评价总是不够好，甚至有时候会贬低小雪。小雪很不开心，她不明白为什么小光会这样，明明他对她很好，怎么还会这样说话呢？此外，小光很少主动向小雪表达自己的情感，从来不说亲昵的话语，甚至在小雪向自己说情话的时候表现出躲闪。他也经常避免与小雪身体接触，不愿意拉着小雪的手逛街。这让小雪怀疑小光到底有没有喜欢自己。他俩都不像别的恋人那般充满激情，反倒是很平常的朋友相处。

有一天，小雪感冒发烧了，打电话给小光，想让对方过来照顾自己，小光有点担心小雪，却只是淡淡地回复："你好好休息，多喝点热水。”小雪很生气，开始责备小光不关心她的感受。小光感到很困惑，他不知道该如何安慰小雪，平复她的情绪。小雪很难过，她觉得自己付出了很多，但是小光却总是与她拉开距离。她想问小光怎么了，但是小光却回避了这个话题。她觉得很失望，决定和小光分手。

上述案例中，小光的表现是典型的疏离型依恋模式，他对感情总是保持一定的距离。小雪需要较多的情感互动和表达，而小光则避免与恋人过于亲密。他内心认为独立、自我依赖和自我满足比亲密关系更重要，虽然也会在意恋人，但他的言行比较冷淡，不喜欢和恋人沟通，尤其是从不表达自己深层的感受和需求，也不关注对方深层的感受和需求，让对方感受不到真正的亲密。

疏离型依恋者很强调自我依靠，他们看起来比较独立，喜欢独来独往，认为很多事应该靠自己去处理。“我并不需要恋爱”“这世上多的是比爱情更重要的东西，谈恋爱会耽误我干正事”“不能对一段感情太投入，否则会失望的”……这类“发言”是他们的典型言论。当伴侣有一些负面情绪需要他们的支持和鼓励时，他们会说：“你应该自己想办法平静下来，你应该自己去处理你的情绪。”这种反馈会让对方感受不到被理解和接受，而这种感受对于亲密关系的维系是非常致命的。每个人都非常渴望得到另一半的关心，疏离型人也需要学习用沟通传递对另一半的关爱，这将有效地拉近两个人的关系，促进彼此的互相了解。

为了改善双方的关系，疏离型人需要尝试主动地表达自己的情感和需求，同时要多向伴侣表达理解和支持。疏离型人自身可能不需要太多的这种情感关怀，但不代表另一半不需要。亲密关系的双方都有责任为感情添砖加瓦，为营造美好的情感浓度以及为爱情保鲜而努力，进而建立更健康的关系。作为疏离型依恋者，你需要做到以下几点：

向对方坦言自己对个人空间的需求

疏离型人要承认自己需要个人空间（包括心理空间和身体空间）的事实，然后有效地把自己的需要和伴侣进行沟通。你可以事先向伴侣解释，如：“我需要一些独处的时间，这不是因为对你的感情不深，不是不爱你，而是因为我有这种需要，习惯于此，请你理解。”提前解释可以给另一半打好预防针，让对方不至于紧张与迷惑，影响双方关系。

在日常生活中学习表达爱

在平常的相处中，疏离型人要多学习爱的表达，比如婚姻专家盖瑞·查普曼（Gary Chapman）提出的“爱的五种语言”——肯定的言词、精心的时刻、接受礼物、服务的行动、身体的接触。你起码要做到一定程度的爱的流露，特别是在伴侣遇到困难或挫折时，及时地赶到他/她的身边给予陪伴，用言语和行为传递关心和支持。在对方有情绪的时候，也要学会安抚他/她，告诉对方“有我在，不用担心”。你可以试一试，发一条长信息、手写一封信或发条语音，或者干脆当面告诉你在乎的人，他/她对你来说有多重要，记得说的时候看着对方的眼睛。当勇敢地迈出第一步时，你会发现很多问题都会顺利解决。

直面冲突

疏离型人需要学会直面冲突，虽然表达清楚自己的想法并不容易，但如果将分歧藏起来或者无视冲突，将可能导致更大的问题。当你学会与伴侣进行联结与沟通，理解他人情绪和背后的情感逻辑时，才有可能一步一步地脱离假性亲密关系，体验到真实、丰富、有意义的情感世界。

错误的表达：“你要这么想我也没办法，你爱怎么想就怎么想，我懒得和你讲。”

正确的表达：“我知道你需要很多爱的表达和亲密感，但我可能在这方面不大擅长，有时候看到你很难受，我却不懂如何安慰，甚至会手足无措。这不代表我不喜欢你。我会去学习，也请给我一点时间。”

为了双方的幸福，疏离型人要学会爱和表达爱，尤其是在对方需要自己的时候，你要及时回应和安抚对方，不要做逃避主义者。

恐惧型人：说出你的脆弱

阿强喜欢上了一个叫小兰的女孩子。面对阿强的追求，小兰有点开心，又有点退缩。她觉得自己没什么优点，不值得对方的喜欢，她也很担心自己一旦投入，万一对方只是一时半会儿的兴趣，那么自己就面临被抛弃的风险。对于走进一段感情，她内心充满恐惧感，于是她对阿强说："我还没准备好开始一段新的感情。"在阿强的热烈追求下，小兰终于动摇，和他在一起了，但小兰却好像也开心不起来，总是担心阿强不会像以前那样喜欢自己，遇到更好的女孩就会离开自己。有一段时间，阿强比较忙，联系小兰的次数比较少，小兰就开始紧张与害怕，想联系阿强，问一问他的情况，可是又不敢，有时候一个人痛苦得伤心落泪。最后，小兰怀疑是阿强变心，她害怕阿强会抛弃自己，于是主动提出了分手。阿强知道后很努力地挽回，两人又复合了。复合后，小兰会经常因为对方不在意自己而闹分手，阿强也经常去哄她。但反反复复了好几次，两人都很疲惫。小兰成天提心吊胆，不知道下一次是什么时候又要分手，不知道阿强能支撑多久。她向朋友透露："我很喜欢他，可是我怕他回来以后，我们还是会吵架分开，所以我都不敢和他在一起了。”

小兰是一名典型的恐惧型依恋者，既渴望爱情又害怕亲密，焦虑和恐惧像一对孪生兄弟并存于心，她常常感到纠结、矛盾，既想表达爱意，又开不了口，对于男友，往往最说不出口那句“我需要你”。由于过于担心男友抛弃自己，于是率先提出分手。而这并不是小兰内心真实的想法，她其实很在意对方，只是害怕受伤，不敢再爱了。

恐惧型人在亲密关系中不善于言谈。当对方表现出亲近或对你的关心和爱意的时候，你很少描述自己的感受和需求；当你出现焦虑不安的心态，害怕对方要离开的时候，也常常表现出若无其事的样子，希望对方不要在意到自己。你习惯性地隐藏痛苦，并否认自己的脆弱。即使需要情感的支持，也不会明说，而是运用间接的方式表达，生闷气、抱怨、暗示、转移话题是常有的事。在沟通的过程中，恐惧型人倾向于不断删除、改写发送的内容，最后绝望地放弃沟通。

作为恐惧型依恋者，你在和伴侣的沟通上可以这么做：

找到情绪的根源

恐惧型人生性敏感，容易上演内心小剧场，但有时候你在亲密关系中表现出来的情绪实际上并不是内心深处最真实的体验。比如，当你感到不安全时，表现出来的可能是愤怒和批判，但内心深处却是恐惧。愤怒和批判是为了自我保护而产生的衍生情绪，恐惧才是需要面对和处理的根源情绪。找到情绪的根源是解决问题的开始。当情绪开关被某一事件触发后，试着找到你曾有过的、产生过同样感觉的时刻，试着对比两者之间有什么共同点。慢慢地，你就能觉察自己真实的反应，理解自己做出反应的缘由。明确自身最真实的根本情绪，良好的沟通才有可能开启。

给自己安全暗示，营造安全氛围

心理学家认为，放松的面孔、舒缓的声音等类似的“安全提示”有助于人们感知到环境的安全，让人更愿意寻求亲近，也更能与他人形成情感层面的深度联结。恐惧型人可以给自己制造一些积极的安全暗示，可以通过包括深呼吸、冥想以及平静的自我对话等，增强自己内在的安全感，再和伴侣进行面对面的交流，说出自己真实的内心需求。比如，在和伴侣沟通之前，你可以做三个深呼吸，然后试着对自己说：“我相信我的恐惧会被听到。”

向伴侣表明自己真实的恐惧与脆弱

在上面提到的安全的环境中开诚布公地与伴侣讨论内心的恐惧

与脆弱，如“我害怕你的离开”“我担心失去你”“我对感情没有信心”，等等，并表达对伴侣的期待，说清楚对方做些什么会减少自己内心的恐惧感和不安感。你可以试着和伴侣分享几件目前为止对你产生伤害的“关系事件”，比如，童年时期和父母的相处，上一段感情的失望等，尽量详细地和伴侣说出当时发生了什么以及你的反应。与伴侣分享得越多，对方就越能理解你，且越有可能在你寻求安慰时做出准确回应。如果你从来不和伴侣沟通心底的恐惧，伴侣就很难给予你想要的回应，因为对方不清楚这件事情对你来说有多重要，不清楚如果得不到回应会对你产生多大的影响。

错误的表达：“我不好，我就知道没人会真心喜欢我的，你不要在我身上浪费时间了，我们分手吧。”

正确的表达：“我对感情充满恐惧，我不相信你会真心且持久地喜欢我，我害怕有一天你会离我而去。所以，为了避免被抛弃，有时候我会做出一些事情逼你离开，但那不是我的本意。我希望你能理解，也给我多一点支持。”

恐惧型依恋者可以试着向另一半勇敢说出自己的害怕，这样一方面可以让伴侣更加理解自己，有助于在未来的相处中，找到更合适彼此的方式相处，另一方面也可以让彼此在深度沟通中增进感情，成为对方生命中重要的支持。

学习安全型伴侣的沟通模式

安全型依恋者乐于对伴侣敞开心扉，他们不怕发生冲突，也不怕被抛弃，对关系抱有充足的信心。但这不意味着安全型人是“老好人”，为了维系关系一味去包容或讨好对方，有不同意见时他们也会加以反驳，相对冷静地表达。

近年热播电视剧《御赐小仵作》为观众展示了两个安全型人是如何谈恋爱的，尤其是为伴侣间的沟通作出了表率。男女主之间不是没有猜疑，但他们不会自我封闭，而是对恋人敞开心扉，坦诚相待，主动交流，哪怕有误会，都能及时通过语言上的沟通解开，因而他们总是能够达到心意相通。

剧中男主萧景瑜简直是真诚坦率、表里一致的典范，他在尊重的基础上坦诚地自我表露，表达自己的感受、观察和期望，不发泄情绪、不借题发挥、不口无遮拦，全程彬彬有礼、落落大方。虽有礼有节，却不失热情，随便拎出他的一句话都是真诚的模板。比如他在向女主楚楚表白的时候说：

“楚楚，我自知我从来不是一个讨人喜欢的人，我于女子而言绝非良配，总想着你现在识的人还少，待为你翻了案，成为名副其实的官宦世家、书香门第、世代忠良的女子，见识了长安诸多风流倜傥的王孙公子，厌烦我都来不及，怎么还会觉得我稀罕，我又不舍得让你去爱慕旁人，便急急地向你表明心迹，想要逼你给我回应，我这些龌龊的心思，现在全都向你坦白，你若要反悔，我也不会怨你。”

这段话表达了个人的爱意、担忧和诉求，态度明晰而坚决，却把选择权利交给对方，写满真诚与尊重。这样诚恳的沟通，没有华丽的辞藻，没有刻意讨好，没有求而不得的恼羞成怒，没有祈求爱情的自轻自贱，哪怕内心有些暗恋的胆怯与卑微，也能大胆承认，大方坦白，显得颇为真实可爱。我们可以管窥一斑，从中发现安全型恋人的沟通模式：自尊自信、主动沟通、表里一致。

自尊自信

安全型依恋者内心有满满的自信感和安全感，这是他们能够沟通顺畅的一个前提。他们愿意表达内心的真实感受，不惧怕内心的秘密被揭露，更何况爱是世界上最美好的事情，爱的表达是最美丽的语言，是本就值得珍惜和尊重的事情，何时成了最难以启齿的事情，何时成了最让人拿捏的软肋？“你以为你接受的是谁的爱？这是一个天神的爱！”电影《大鱼海棠》的台词，直逼人心。听到这句话的时候，相信很多人都热泪盈眶，哪怕对方不爱甚至不理睬自己，我们也要珍视自己及自己的爱。以表白为例，这是两性关系沟通的第一步。表白，不是冲着被接受去的，而是自我需要的表达，尊重自我、传递心意，不给彼此留遗憾。爱是“我”的权利，拒绝是对方的权利，各自尊重并享有各自的权利便好。被接受自然欣喜，被拒绝依然自在。我们爱的能力与爱的品质不是以拒绝与否来评判的。

爱是世间最可贵的品质、最高级的情感，爱不可耻，也不丢人，是人之精神世界所投射的正能量。拥有爱的人是内心充盈的人，充满着世间美好的情愫，怀抱着喜悦、希望与力量。向安全型人学习，尽管自信大胆地去爱、去追求、去表达。

主动沟通

安全型人心存美好，信任伴侣，因而可以畅通无阻地与伴侣交流，进行主动沟通。一方面，他们会在对方面前适当地进行自我暴露，分享自己的想法和心情，也能自如地和伴侣分享自己的成功或失败；另一方面，他们也愿意聆听伴侣倾诉，理解对方的心情，在依赖对方的同时，也让自己成为一个可以依赖和信赖的人。当另一半遇到困难的时候，他们会全力支持。在安全型伴侣这里，任何情绪都是被允许的，是可以谈论与分享的，是能够被看见的，不会受到指责或被漠视。此外，安全型伴侣不会回避亲密关系中的矛盾和冲突，并能以积极乐观的姿态应对和解决。他们一旦发现交往中可能存在隐患或嫌隙，就会主动去找到对方，开启一段交流，而不是被动等待对方来沟通，甚至搁置问题，粉饰太平。他们会把与伴侣的关系放在重要的日程，其他的事情可以先放一放，沟通不能等，问题不会隔夜，一般在 24 小时内就能化解矛盾或分歧。心理学家发现，安全型依恋者通常善于引导他人敞开心扉，畅谈所想。亲密关系中的冲突不可避免，但如果能够像安全型人一样积极处理这些冲突，很多时候将会化干戈为玉帛。

表里一致的沟通

安全型伴侣擅长真诚或表里如一的沟通，在尊重对方的前提下如实表达内心真实的感受。萨提亚理论认为：任何一种沟通都包含着两方面的信息，即语言的和非语言的。某个人在说话时，也会自动地表现出包括表情、姿态、皮肤色泽、语音语调以及呼吸频率等在内的多种非语言信息，这些非言语信息往往是人们内心真实状态的体现。当人们的语言与非语言信息一致时，就称之为“表里一致的沟通”。

在表里一致的沟通模式中，自我（的感受）、他人（的感受）和情景（的要求）全部得到了应有的关注和尊重。这是一种对自我独特性的欣赏，既可以让人意识和觉察到自己的情绪、情感，也能够承认、理解和接纳它们，并且能够表达它们；这是一种可以在自身内部和他人之间自由流动的能量，具有乐于相信自己和他人的姿态；

这是一种对亲密关系的开放态度，拥有能够成为真实自己并接纳他人的能力，能够灵活面对改变和分歧；它是一种自我负责的态度，愿意主动承担风险，勇于承担责任，能够利用自身具有的内部和外部资源为改善亲密关系而做出努力。

上文提到的《御赐小仵作》中的男主告白就是表里一致型，本着对感情负责的态度，表达自我感受的同时又考虑对方的态度，还顾忌环境的因素，维持了一种和谐平衡的姿态。我们再来看生活中的一个案例：

> 女友好不容易挑了件衣服去见男友，男友反问："你今天怎么穿这种款式的衣服？"女友没有生气，笑了笑回答道："不错呀，今天你注意到我的打扮，这件衣服是我精挑细选过的。如果你不喜欢，麻烦你下次陪我逛商场帮我挑吧！"

女友的沟通言语正反映出一种内在的觉察，其表情流露和外在言语一致，自我价值较高，内心和谐平衡，未有被冒犯而嗔怒的状态，体现出安全稳定的内核。表里一致的沟通不是为了比输赢，而是意味着我们选择成为真实的自己，但同时兼顾他人的需要，注意情景的要求和限制，选择与他人进行接触、沟通和联结，达到一种和谐的状态。尽管非安全型人很难在短时间内转化为安全型，但我们可以从沟通模式开始觉察和改变。

沟通通用法则

我们每个人都是带着各自原生家庭的爱、信念、伤害、语言及思维习惯与另一个人建立亲密关系。由于个体的独特性，双方很容易在碰撞时产生冲突。亲密关系能否长久，不是看热恋期（问题没有暴露的时候）有多甜蜜，而是在遇到需求、观念冲突时，看彼此如何应对和如何沟通。那么，伴侣之间如何沟通可以令关系更坚固、更有韧劲呢？在了解了不同依恋类型的沟通要点后，本部分将做进一步拓展，提供沟通环节中的常见实用策略。其中含有一些练习，你可以一边阅读，一边和伴侣跟着做些练习，并记录自己的感受。

媛雅和成轩是一对情侣。他们从高中开始恋爱，历经大学到工作，前些日子打算订婚。但在商讨订婚细节问题时出现了矛盾，他们发生了激烈的冲突。之后发现彼此之间其实存在着很多问题。于是他们一起接受了心理咨询，在接下来的日子里为彼此的关系付出了很多努力和改变。下面用他们相处过程中发生的一些案例来阐明亲密关系中的沟通步骤和技巧。

找到情绪的归属

掌握和伴侣的沟通方法之前，先了解一个概念——**情绪的归属。**简单来说，它是指在两人之间，谁的心理需求没有得到满足，谁心里有不舒服的感觉，就说明情绪归属于谁。厘清情绪的归属，不是为了讨论谁对谁错，而是为了彼此间能更好地进行沟通。

成轩到媛雅单位门口接媛雅下班。媛雅见到成轩之后说："今天开会，因为业绩差，我被领导当众批评了！"

这个时候，谁有情绪？很显然是媛雅有情绪问题。她业绩不好被领导当众批评，觉得很没面子，丢人、难过、挫败。可是，如果成轩听到之后非常生气地说："我最讨厌你们那个领导！就这破工作，有什么好做的？明天别去了！"

"你说得轻巧！不去上班你养我啊？我就算换工作也得骑着驴再找马呀！"

"我知道你们家人一直嫌弃我收入低，养不了你。我也是刚工作啊！再说，你平时在业务上也不多上心，整天追剧！追剧！你把别人追成了大明星，他们给你发工资吗？"

……

明明是媛雅有情绪问题，可是成轩却把媛雅的情绪问题变成了自己的，两个人都掉进了情绪的漩涡里，就容易把负向情绪进行叠加，让问题复杂化。

借由这个案例，我们可以来思考以下的问题：

当伴侣有情绪的时候，我一般是如何沟通的？效果怎样？那样沟通令我们心灵之间的距离是变近了，还是远了？

当伴侣的言行让我觉得不舒服的时候，我又是如何表现的？如何表达的？那样表达，我的情绪被照顾到了吗？内在需求被满足了吗？

当伴侣的言行带给我正向感受的时候，我是否有表达？是如何表达的？

伴侣间虽然拥有很高的融合度，但是当一方有情绪时，另一方依然要保持一定的边界去分清情绪的归属，不让负向情绪叠加，这样才有可能取得良好的沟通效果。

当情绪归属在伴侣那里，也就是伴侣有情绪时，我们可以如何交流来协助对方及时释放负向情绪呢？

我们可以闭上眼睛想一想：当自己有强烈的愤怒、难过、害怕、失落、委屈、挫败等负向情绪时，我希望身边最亲近的这个人，我的另一半怎么办呢？是吧啦吧啦不停地给我讲道理、分析原因、提供建议？或者为了让我清醒点，把我批评、训斥一顿？或者挖苦、讽刺、刺激我一下？还是怎样？

我们需要的可能是：对方抱抱我，或者安静地陪陪我；或者让我一个人待一会儿，独自消化一下情绪；或者和几个朋友一起去喝个酒、聊个天；或者我心里真的好憋屈、好难过啊！我需要倾诉，我需要有个人倾听我……

学会换位思考，帮助伴侣在陷入负向情绪时先尽情释放，不要让两人都带着情绪去沟通。

简单倾听

海明威曾说："我们花了两年的时间学会说话，却要花上六十年来学会闭嘴。"倾听，并不是一件容易的事。当对方被情绪困扰，我们又特别在意对方的情况下，我们一般很难控制自己试图帮对方解决问题的冲动，会忍不住给对方分析原因、提供建议，或者跟对方讲道理……请记住，最好的应对方式就是倾听。

媛雅跟父母闹矛盾，她处在负向情绪中，说："我爸妈烦死了！有事情从来不和我商量！从来都不懂得尊重我的选择！我想考研，他们非说工作不好找，现在正好有个机会，让我先工作！我都那么大的人了，他们还是那么自以为是。我自己不知道自己想要什么吗？"

如果你是媛雅的男朋友，你会如何回应你的女友呢？

当伴侣有情绪向你倾诉的时候，不妨放下手中的事，专注、认真地听对方说。在听的过程中，给予对方一些简单的回应，如**“嗯！”“哦！”“对吧！”“是吗？”“这样啊！”“那后来呢？”“真的啊！”，**让对方感受到你在认真听，并且听懂了。

伴侣带着强烈的情绪在诉说的时候，就如同在开闸泄洪。我们能做的就是给伴侣创造一个允许、接纳、包容的大沟渠，抱持着这股洪流顺畅地奔流而下。当对方在倾诉的过程中，他 / 她的情绪会得到很好的宣泄，而后，伴侣的心里会觉得舒服多了，可能会跟你表达：“亲爱的，有你真好！跟你说完，我心里舒服多了！爱你！”

但如果在伴侣倾诉的过程中，我们不停地建议、否定、说自己……就如同在洪流泄下的过程里，你在中间不停地修建大坝来围挡这股洪流的宣泄，对方的情绪释放就会被阻碍。对方不舒服、不顺畅、不痛快，倾诉的欲望就会受阻，情绪就会被压抑、收回，进而放弃倾诉。并且，还会在原有负向情绪的基础上，因未被理解而叠加了更多的失落、委屈、愤怒、悲伤等情绪。其实，每一次一方被情绪扰动的时候，另一方的倾听、共情，恰恰是增进彼此感情的契机。

伴侣之间，不妨做个简单倾听的练习。两个人相对而坐，一个人说，一个人放下手中的事，看着对方，专注、认真地听，感觉一下，和以往有什么不同。你会发现，听的人和说的人都非常舒服，彼此的内心都会感受到温暖和被重视。

深度倾听

好的亲密关系是有疗愈意义的，当我们能够对伴侣的情绪做简单倾听之后，可能会期待自己能够给予对方更多的支持，那我们可以在简单倾听的基础上，加入深度倾听，允许对方表达、倾诉、释放自己内在的负向情绪。

成轩在单位的一次项目经理竞选中失败，尤其是输给了一个平时不干实事，只知溜须拍马，背后有靠山的人。成轩收到消息的时候，气得一脚踢在路牙上。

如果媛雅不会倾听，可能会说："输了就输了呗！一个破经理，有什么不得了的！犯得着发脾气吗？"

深度倾听就是把你看到、听到的所有关于这个人身上经历的事情，以及你体会到的这个人的内在感受，把它说出来，尝试从对方的角度理解他 / 她的感受和需求，表达同理心，让对方感受到被理解和尊重。对方会感觉到你非常懂他 / 她，你在非常用心地感受、体验、理解着自己的感受。为了便于运用，我们可以用一个简单的公式来概括一下：**事实 + 感受**，即把你看到的事实，加上你体会到的对方的感受，连成一句话来回应她。

对于成轩的这件事而言，事实是竞选失败，感受是生气、挫败、不公。连成语言，媛雅可以说：

"亲爱的，这次竞选输了，我知道你心里很生气！"

在这样的场景中，成轩可能感受到被共情、看见，回应媛雅说："嗯，确实蛮气人的！太不公平了！"

但如果成轩是一个得失心很重，非常在意输赢的人，当他听到"输了"的时候，可能会更加生气，他可能会说："谁说我输的！我根本就没输！他只是仗着背后有人罢了！我根本就瞧不上这种人！"

在这样的情境中，成轩希望媛雅看见他、懂他，但不希望对方看穿他，因为他有他的自尊和骄傲。此时可以根据对伴侣性格的了解，把涉及"输""失败"这样的词汇抹掉，换成其他可以替代的说法，重点是聚焦在对伴侣情绪、感受的理解上。比如："亲爱的，这个竞选真的让人好生气的！太不公平了！"

深度倾听看似不难，做起来也绝非易事。因为，在我们的成长过程中，大多数人不曾被这样教导、影响过。我们有自己习惯了的一套语言体系。所以，我们可以先套用"事实 + 感受"这个公式，再去刻意练习。

正确表达自己的不满

当伴侣有负向情绪的时候，我们可以通过倾听对方来协助对方情绪降温，令其感受到被理解、被看见。那当我们自己心里有不舒服的感受，或者由于伴侣的言行让我们产生负向情绪的时候，该怎么办呢？

> 媛雅偶尔会调侃成轩的母亲，拿一些不愉快的事开玩笑。成轩心里很不高兴，但是担心说了之后会惹媛雅不高兴，就总是憋着。有一次，两人因为一些事当着成轩妈妈的面争吵了起来，借着那股劲儿，成轩说：“每一次，你都拿别人的痛点来开玩笑，你从来都不知道顾及别人的感受，你太不懂事了！你今天必须跟我妈道歉！”

回到原点，思考我们为什么发脾气。情绪背后一定隐含着未被满足的需求，我们在那个当下，内在的需求是什么？我们要有意识地去觉察、看见自己内在的真实需求，用事实说话。什么是事实？事实就是能看得见、听得见，能用摄像机、录音机录下来的，无争议的，具体的，没有那些标签化的形容词，也没有“总是”“老是”“从来”“一直”这些副词。然后加上自己内在真实而不夸张的负向感受以及需求、期待、渴望，把它们表达出来就可以。

在没有习惯这样的语言体系之前，可以先大体按照这样的公式来套用：

事实 + 感受 + 需求（期待、渴望）

在上面的案例里，成轩不妨试试这样说：

“媛媛，你用那种戏谑的语气和我妈说话，拿大家的痛点开玩笑，我心里很不舒服，我也很担心我妈心里会难过。”

有时候，我们并不知道自己的言行给对方造成了困扰。这需要我们真实地表达自己的立场、感受和需要。如，当媛雅听了成轩的话之后，会意识到不对：

“啊！亲爱的，对不起哦！我没有意识到这是你们不愿提的事情，我忽视了你们的感受，我真的太不懂事了！我向你和妈妈道歉！”

亲密关系中总少不了摩擦，产生不满也是人之常情，在所难免，但在沟通时，请提醒自己不要意气用事，不要全然被情绪裹挟，否则可能会说出一些比较冲动伤人的话，容易破坏彼此之间的感情。正确表达自己的需求和期待，才能让双方更好地正视问题、解决问题。

当然，并不是只有冲突和抱怨发生时，我们才去解决问题。在问题发生之前，其实就可以做到未雨绸缪。不管你是什么依恋类型，伴侣彼此之间的爱与信任是一切沟通的基础。我们可以在平时多去关心彼此，了解对方，共同参与双方的生活，让彼此感受到爱意，不停地往心中的“爱箱”里存入爱，当爱箱富足时，彼此才有可能肆意支取。即使产生些许抱怨，也会因为心中满满的爱，而快速得到化解。

参考文献

阿尔弗雷德·阿德勒，2006. 自卑与超越 [M]. 李心明，译 . 北京：光明日报出版社 .

阿尔弗雷德·阿德勒，2011. 儿童的人格教育 [M]. 彭正梅，彭莉莉，译 . 上海：上海人民出版社 .

阿米尔·莱文，雷切尔·S. F. 赫勒，2012. 读懂恋人心：如何在未知中相爱，在懂得后相守 [M]. 刘静，译 . 广州：广东人民出版社 .

艾里希·弗洛姆，2019. 爱的艺术 [M]. 刘福堂，译 . 上海：上海译文出版社 .

拜伦·凯蒂，史蒂芬·米切尔，2018. 一念之转：四句话改变你的人生 [M]. 周玲莹，译 . 北京：文化发展出版社 .

彼得·洛文海姆，2021. 依恋效应：为什么我们总在关系中受挫 [M]. 刘元，陈武，译 . 北京：中国人民大学出版社 .

陈泽河，申燕，2008. 青少年依恋研究及其新进展 [J]. 青少年研究（山东省团校学报）(05)：27-29.

大卫·威廉，2014. 心理治疗中的依恋 [M]. 巴彤，李斌等，译 . 北京：中国轻工业出版社 .

段鑫星，李文文，赵亚平，2022. 如何拥抱一只刺猬：恋爱与婚姻中的人格识别、接纳与付出 [M]. 北京：人民邮电出版社 .

黄素菲，2022. 叙事治疗私塾学堂 [M]. 台湾：心灵工坊 .

侯典牧，2018. 女性心理学 [M]. 北京：北京师范大学出版社 .

江琴，2003. 早期依恋对个体未来人际关系的影响 [J]. 当代青年研究（03）：42–44.

卡尔·荣格，2020. 回忆、梦、思考 [M]. 于玲娜，译 . 上海：上海译文出版社 .

克里斯多福·孟，2015. 亲密关系：通往灵魂的桥梁 [M]. 张德芬，余蕙玲，译 . 长沙：湖南文艺出版社 .

劳拉·E. 伯克，2014. 伯克毕生发展心理学：从 0 岁到青少年（第 4 版）[M]. 陈会昌等，译 . 北京：中国人民大学出版社 .

罗伯特·纽伯格，2020. 有毒的话语：亲密关系中哪些话不能乱说 [M]. 杨燕萍，译 . 北京：北京联合出版公司 .

李同归，加藤和生，2006. 成人依恋的测量：亲密关系经历量表（ECR）中文版 [J]. 心理学报 38（3）：399–406.

六神磊磊，2022. 越过人生的刀锋：金庸女子图鉴 [M]. 北京：中信出版社 .

罗兰·米勒，2015. 亲密关系（第 6 版）[M]. 王维平，译 . 北京：人民邮电出版社 .

苏·约翰逊，2018. 依恋与亲密关系：伴侣沟通的七种 EFT 对话 [M]. 黄志坚，李茜译 . 北京：人民邮电出版社 .

韦志中，2014. 团体心理学：本会团体心理咨询理论与实践 [M]. 北京：清华大学出版社 .

吴薇莉，简渝嘉，方莉，2004. 成人依恋研究 [J]. 四川大学学报（哲学社会科学版）(03)：131-134.

徐梦飞，侯志瑾等，2017. 心理咨询中的依恋关系研究综述 [J]. 中国临床心理学杂志（02）：319-325.

许宇童，吴蕙羽，田丰，2022. “90 后”“母胎单身”青年婚恋心理研究——基于平衡理论视角 [J]. 中国青年社会科学（04）：66-76.

严文华，胡婷，2022. 婚恋大数据：当代中国青年的爱情观念与行为调查报告 [M]. 上海：上海教育出版社 .

杨鑫辉，2012. 什么是真正的心理学：50 位当代心理学家思想精粹 [M]. 福州：福建教育出版社 .

伊尔斯・桑德，2017. 高敏感是种天赋 [M]. 李红霞，译 . 北京：北京联合出版有限公司 .

约翰・鲍尔比，2017. 安全基地：依恋关系的起源 [M]. 余萍，刘若楠，译 . 北京：世界图书出版社 .

约翰・戈特曼等，2020. 爱的八次约会：创造一生的亲密关系 [M]. 王姗姗，译 . 北京：北京日报出版社 .

张掌然，1996. 交际思维学 [M]. 武汉：华中理工大学出版社 .

AINSWORTH M D S，BELL S M，1970. Attachment，exploration，and separation：illustrated by the behavior of one-year-old in a strange situation[J]. Child development, 41（1）: 49-67.

AINSWORTH M D S, 1967. Infancy In Uganda: infant care and the growth of love[M]. Baltimore: Johns Hopkins University Press.

AINSWORTH M D S, 1989. Attachments beyond infancy[J]. American psychologist, 44: 709-716.

AINSWORTH M D S, BLEHAR M C, WATERS E, WALL S N, 1978. Patterns of attachment: a psychological study of the strange situation[M].New Jersey: Lawrence Erlbaum.

ARMSDEN G, MCCAULEY E, GREENBERG M, BURKE P, MITCHELL J, 1990. Parent and peer attachment in early adolescent depression[J]. Journal of abnormal child psychology, 18: 683-697.

BOWLBY J, 1951. Maternal care and mental health[M]. New York: Columbia University Press.

BOWLBY J, 1969. Attachment.（Attachment and loss: Vol. 1）[M]. New York: Basic Books.

BOWLBY J, 1976. Loss: sadness and depression（Attachment and loss: Vol. 3）[M]. New York: Basic Books.

BOWLBY J, 1976. Separation: anxiety and anger（1 edition）（Attachment and loss: Vol. 2）[M]. New York: Basic

Books.

BOWLBY J, 1979. The making and breaking of affectional bonds[M]. London: Tavistok Publication.

CAVER C S, 1997. Adult attachment and personality: converging evidence and a new measure[J]. Personality and social psychology bulletin, 23（8）: 865–883.

JACOBVITZ D, CURRAN M, MOLLER N, 2002.Measurement of adult attachment: the place of self-report and interview methodologies[J]. Attachment & Human development, 4（2）: 207–215.

FEENEY J A, NOLLER P, 1990. Attachment style as a predictor of adult romantic relationships[J]. Journal of personality and social psychology, 58（2）: 281–291.

FRALEY R C, Shaver P R, 2000. Adult romantic attachment: Theoretical developments, emerging controversies, and unanswered questions[J].Review of general psychology, 4: 132–154.

FRALEY R C, 2002. Attachment stability from infancy to adulthood: meta-analysis and dynamic modeling of developmental mechanisms[J]. Personality and social psychology review, 6（2）: 123–151.

HARLOW H F, 1958. The nature of love[J]. American psychologist，13：673–685.

HARLOW H F，ZIMMERMAN R，1958. The development of affection in infant monkeys[J]. Proceedings of the American philosophical society，102：501–509.

HAZAN C，SHAVER P，1987. Romantic love conceptualized as an attachment process[J]. Journal of personality and social psychology，52（3）：511–524.

RUTTER M，SROUFE L A，2000. Developmental psychopathology：Concepts and challenges[J]. Development and psychopathology，12：265–296.

STERNBERG R，1986. A triangular theory of love[J]. Psychological review，93：119–135.

Wilkins D，2012. Disorganised attachment indicates child maltreatment：how is this link useful for child protection social workers [J]. Journal of social work practice，26（1）：15–30.

后 记

当觉察和理解自己时，好的亲密关系才开始

到底有没有灵魂伴侣，实在不敢妄下评论，但依恋理论让我们看到了些许可能。所谓谈情说爱，亲密关系里的两个人，只有触及彼此内在真实的情绪、感受及深层需求、渴望，才能更深入地了解和懂得彼此，对彼此的生命才更有滋养的意义。

而其中第一步就是自我觉察。一个人可能在平时的工作上如鱼得水，在生活中自信舒展，可是一陷入爱情就变成了另外一个人的模样。为什么会这样呢？是性格所致吗？其实不然。研究发现，不管感情问题表面如何复杂，都脱离不了依恋模式这一核心。当我们觉察自己的依恋类型以及背后的根源，进而理解和接纳自己时，才能更好地去面对亲密关系。

基于已有的研究和临床咨询案例，这本书讲述了依恋模式对亲密关系的影响，呈现了不同依恋类型的人群在爱情中的表现特点和相处策略。或许你童年的依恋模式并不安全，但这本书要告诉你的是：无论你过去的经历如何，你都值得拥有一段美好而健康的亲密

关系；无论你目前处于哪种依恋类型，都有改变的可能。

焦虑型的你，对爱情充满热情，却容易患得患失，担心被抛弃或被背叛。请相信，你可以把最真实的自我展现出来，通过关怀自我和丰富自我，找到合适的安全型伴侣，停止精神内耗，建立自信和安全感。

疏离型的你，习惯独来独往，害怕亲密接触。然而，真正的亲密并不意味着失去自我，而是在关系中找到平衡。通过理解和接纳自己，学习如何表达情感、共享内心世界，学会信任和依赖他人，你将发现一个新的世界。

恐惧型的你，可能因为过去的伤害而对亲密关系又爱又怕。然而，只有当你敢于面对恐惧，真实表达自我时，才有可能重新建立起对亲密关系的信任。通过观察学习、转变思维、反思成长，以及寻求专业支持，你可以逐渐走出阴霾，迎接属于你的甜蜜。

对于安全型的你，希望你能够继续保持自己稳定的内核，并成为他人的支持者和引导者。你们的真诚和自信、理解和包容对于其他依恋类型的人有着很好的榜样作用。当然，在关心对方的同时，别忘了聆听自己内心的声音。

亲密关系里最重要的考验，不是如何让关系变得更亲密，而是每个人都需要走过一段极其重要的自我确认之路，这样才能在亲密关系的碰撞里不绝望、不退缩、不远离。最终的最终，亲密关系的问题总会回到一个核心点：唯有通过更多的自我理解，才能促成更多的相互理解。

本书也为不同依恋类型人群的伴侣提供了与之相处的建议，以及沟通中的技巧。请记住，爱并非来自完美的人或完美的关系，而是我们在接纳、理解和支持中创造的。让我们共同努力，学习爱与被爱，学会相互理解和成长，让亲密关系成为生活中美好的一部分。

祝你在爱情的旅程上，能找到自己真正渴望的幸福。